はじめに

食べることは暮らすこと――
『季刊うかたま』は
昔から受け継がれてきた〝食べごと〟の知恵と技を
自分たちの暮らしにも生かしていきたいと考えてきました。

つくることは暮らすこと――
『増刊うかたま』は、
日々の食べごとはもちろん、心身の健康、住まいまでテーマを広げ
どう暮らしを「手づくり」していくかを考えていきます。

今回のテーマは、
毎日の食べごとを支えてくれる「たれ・ソース・調味料」。

四季の食材を使って手づくりすることで、季節を感じられます。
旬をひとつの瓶に閉じ込めて、長く味わう知恵も身につきます。
いつもの味噌や醤油で、十分活用できます。
きちんとつくっておけば、毎日の料理が手早くできます。
そしてなにより、
市販の味にはない、わが家の味をつくることができます。

つくることは、楽しい。
おいしいことは、うれしい。

この本を、みなさんのそばに長く置いていただけたら
とてもうれしいです。

手づくりの たれ ソース 調味料

汁の素

目次

本書の料理表記について
●計量の単位はすりきりで、1カップ＝200㎖、大さじ＝15㎖、小さじ＝5㎖です。
●ビン詰めの脱気についてはp64、96を参照してください。

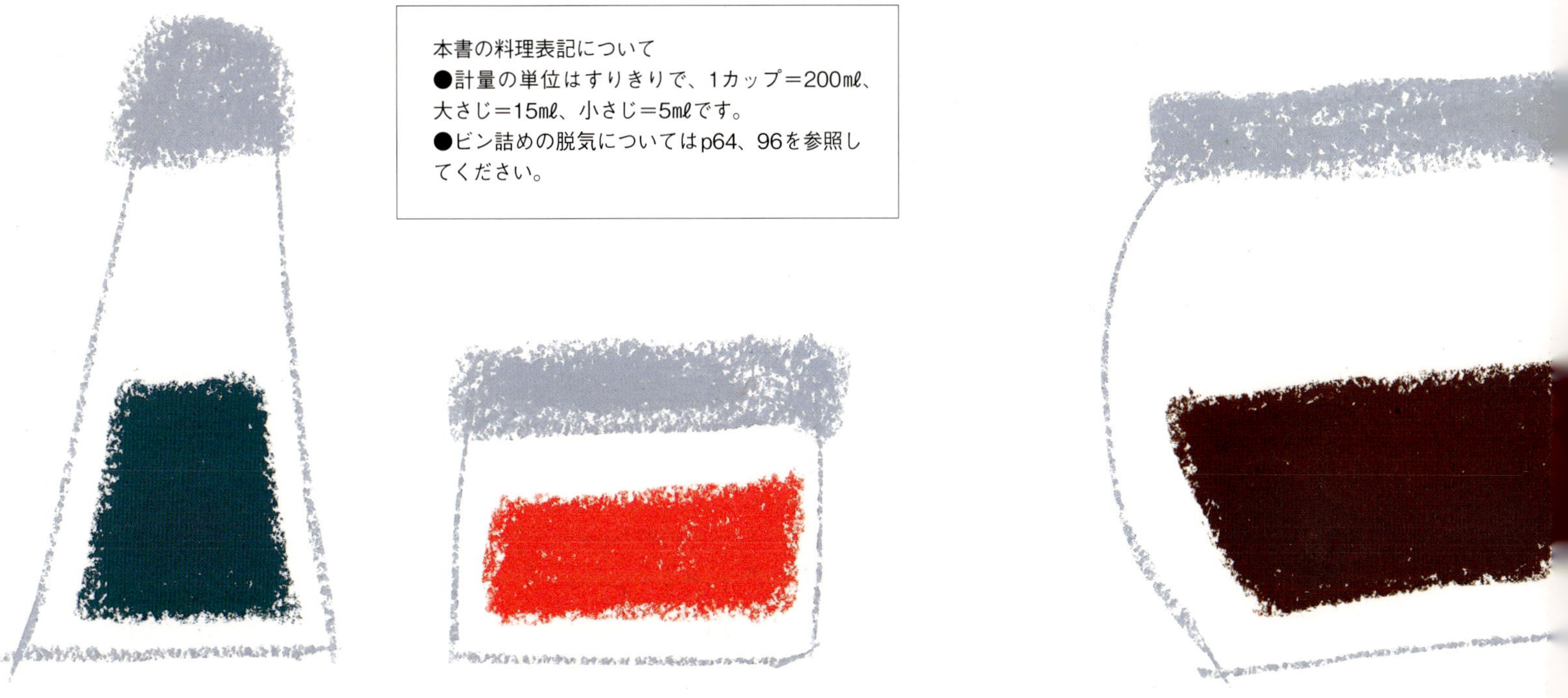

調味料別索引

味噌を使うもの

醤油を使うもの

酢を使うもの

塩を使うもの

砂糖・蜂蜜を使うもの

野菜・豆・ナッツを使うもの

その他

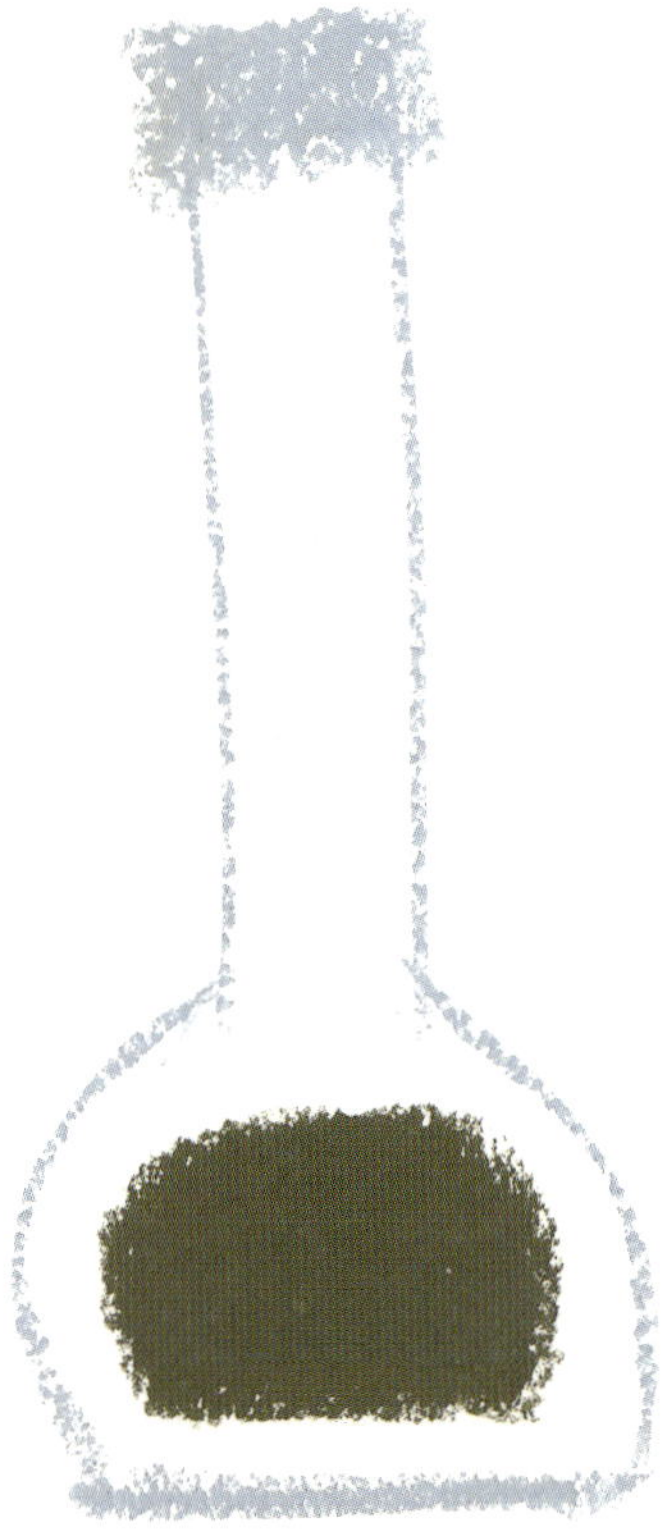

料理別索引

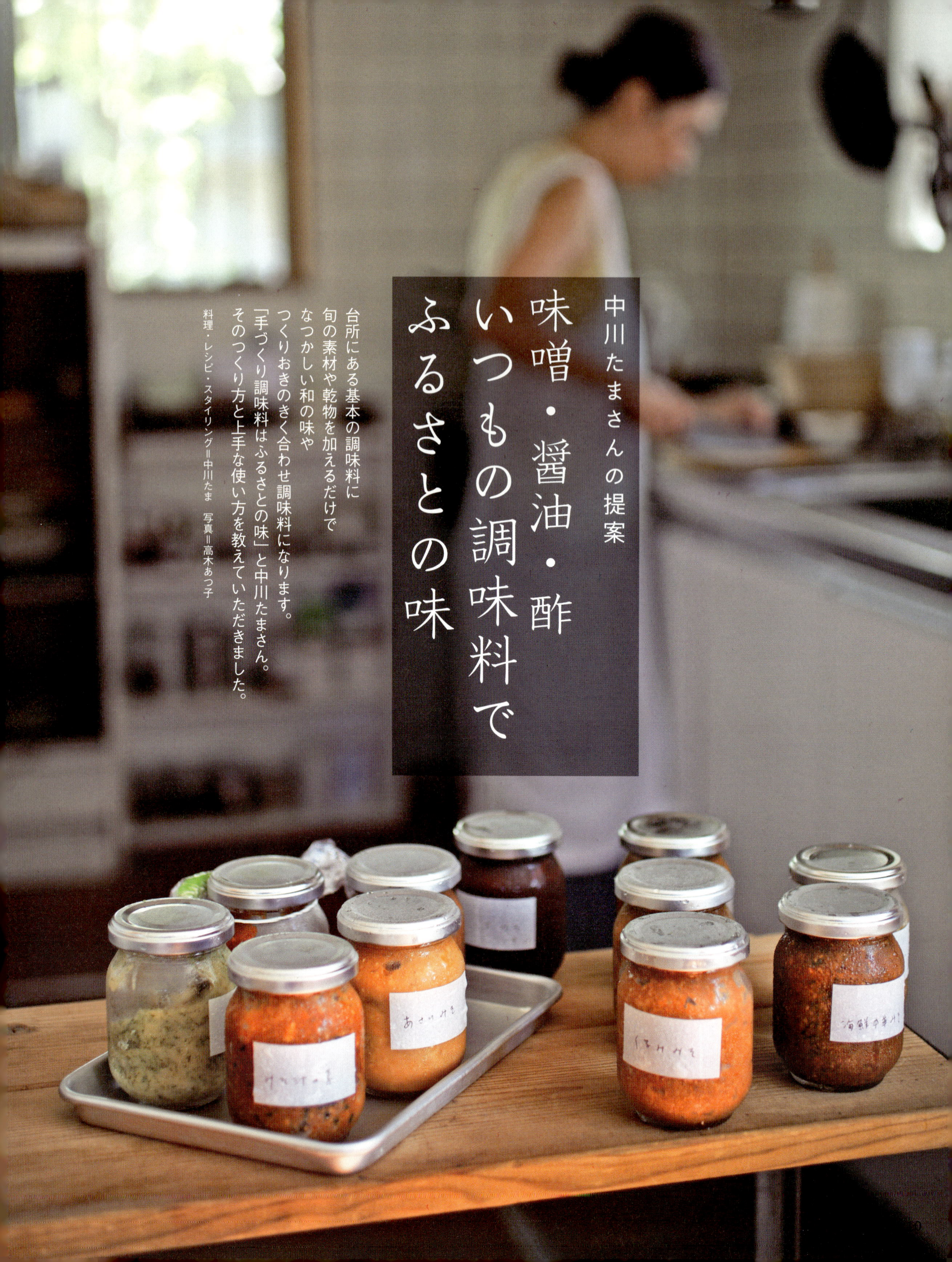

中川たまさんの提案

味噌・醤油・酢 いつもの調味料で ふるさとの味

台所にある基本の調味料に
旬の素材や乾物を加えるだけで
なつかしい和の味や
つくりおきのきく合わせ調味料になります。
「手づくり調味料はふるさとの味」と中川たまさん。
そのつくり方と上手な使い方を教えていただきました。

料理・レシピ・スタイリング＝中川たま　写真＝高木あつ子

関西で生まれ育った私は、東京に出てきて、おいしいものにたくさん出会いました。でも一番ホッとするのはやはり幼いときの味。とくに調味料には、ふるさとの香りや味わいが詰まっているような気がします。

例えば春になると母が毎年つくっていた木の芽味噌が思い出されますし、関西独特の薄口醤油をベースにした煮物はいまも大好きです。旬のおいしさや母から伝わる手づくりの味を楽しみたいと思い、調味料も自分でつくるようになりました。

基本は手持ちの味噌や醤油に少し旬のものやだしを加えるだけ。つくり方は簡単です。ポン酢（p36）や昆布酢（p39）のように、少し時間をおくと、熟成して素材の持ち味がさらに引き立つものもあります。

また手づくり調味料が身近にあると、普段の料理もぐっと楽になります。「え～っと、酒と塩を入れてそれから…」と計量スプーンを持ちながら台所を右往左往しなくても、お好みの調味料さえつくっておけば、あとは和えたりかけたりするだけで味付けはおしまい。調理の過程を簡単にしてくれるのです。

今回ご紹介する調味料は、味噌類をはじめどれもご飯と相性もよく、毎日の食卓で活躍するものばかりです。「ふるさとの味」としては一例にすぎませんが、いろいろなジャンルの料理と組み合わせて、新しいおいしさを発見してください。

味付けは自由自在

味噌ベースの調味料

（12～25ページ）

昔から日本の各地では、味噌に身近な食材を合わせて、料理に使ってきました。旬の味を長く楽しむ「季節の味噌」、ご飯にぴったりの「おかず味噌」、料理に複雑な味わいをプラスする「万能味噌」の、合わせて20種類を紹介します。

ストレートで使える味の切り札

日々の調味料

（26～39ページ）

醤油、だし、酢をベースにつくる、16種類の合わせ調味料です。甘味やうま味を含んでいるから、お気に入りを何本か用意するだけで、料理にコクを出したり、味に深みを出すのも簡単になります。いつもの食卓にも、おもてなしの一品にも、毎日使える調味料です。

味噌・醤油・酢のこと

一口に味噌・醤油・酢といっても原料や製法、つくり手によって、味も種類も異なります。

●味噌

麹の種類ごとに大きく分けると、大豆に米麹を加えた米味噌、大麦でつくる麦麹を加えた麦味噌、大豆に種麹を加えるなどして麹菌を繁殖させた豆味噌があります。麹の量が多い味噌（白味噌など）は甘口で、でんぷんの少ない豆味噌（八丁味噌など）は辛口なので、レシピを他の味噌で代用する場合は、砂糖や塩を加減しましょう。

●醤油

醤油の原料は大豆と小麦と塩。濃口醤油と比べて薄口醤油は塩が多く色は薄いので、素材の色や味わいを生かす料理に使われます。白醤油は大豆の量が少なく、甘味も強いのが特徴です。薄口醤油と白醤油を他の醤油で代用する場合は、砂糖や塩を加減しましょう。

●酢

酸味や甘味、うま味のバランスがよくどんな料理にも使えるのが米酢。他にも、さまざまな種類の酢がありますので、その特徴を知って使い分けるのも楽しいです。例えば甘酢（p37）には塩と相性のよいリンゴ酢、薬味酢醤油（p38）には醤油と合う黒酢を使ってもおいしくできます。

季節の味噌

春の味噌

ふきのとう味噌

ふきのほろ苦さと食感が後をひく
早春ならではの味

材料：150㎖分

ふきのとう…15個
ごま油…大さじ2
A ┌味噌…大さじ3
　 │みりん…大さじ2
　 └酒…大さじ1
砂糖…小さじ1

つくり方

1) ふきのとうは洗って水気をふき、粗みじん切りにする。

2) 鍋にごま油を熱し、ふきのとうを入れて中火でしんなりするまで炒める。Aを加えよく混ぜ、ひと煮立ちしたら火を止める。

＊冷蔵で2〜3週間保存できる。

木の芽味噌

香りよい山椒の若芽を
甘い白味噌と合わせるだけ

材料：150㎖分

木の芽（やわらかい葉）…1／4カップ
A ┌白味噌…大さじ4
　 │みりん…大さじ1
　 └酒…小さじ2

つくり方

1) 木の芽はすり鉢でするか（写真）、包丁で細かく刻んでおく。

2) 鍋にAを入れてよく混ぜ合わせて火にかける。ひと煮立ちしたら火を止めて冷ます。冷めたら、木の芽を加えて混ぜる。

＊冷蔵で2週間保存できる。

＊完成した調味料はいずれも密閉容器に入れて保存してください。

玉ねぎの歯ざわりがよい
サラダ風の和えもの

筍の
木の芽味噌和え

◎材料：4人分
筍…180g
新玉ねぎ…1/8個
木の芽味噌…150㎖
◎つくり方
1. 筍はゆでて一口大に切る。新玉ねぎは薄くスライスする。
2. **1**と木の芽味噌を和える。

薄く切ったかぶの甘味を
味噌が引き立てる

かぶの塩漬けと
ふきのとう味噌

◎材料：4人分
葉つきのかぶ…2個
昆布（5cm角）…1枚
ふきのとう味噌…大さじ1
オリーブオイル…大さじ1
塩…ひとつまみ
◎つくり方
1. かぶは皮をむき、薄くスライスする。葉はみじん切りにして塩もみし、昆布を加えてしんなりするまでおく。
2. 器に**1**を盛り、ふきのとう味噌とオリーブオイルを混ぜたものをのせる。
＊ゆでたじゃがいもなどにも合う。

季節の味噌

夏の味噌

アジ味噌

魚のうま味が凝縮
甘口の麦味噌を使った魚味噌

材料：150㎖分

アジの干物…1枚
麦味噌…大さじ3
砂糖…小さじ1

つくり方

1）アジの干物はグリルで焼いて身をほぐす（写真）。
2）麦味噌と砂糖を混ぜ合わせ、1のアジを加えてさらによく混ぜる。

＊冷蔵で1週間保存できる。

大葉と生姜の味噌

大葉と生姜の風味がアクセント
焼きなすや魚の味噌漬けにも合う

材料：150㎖分

大葉…10枚
新生姜（ヒネ生姜でもよい）…1かけ
味噌…大さじ4
砂糖…大さじ1
酒…大さじ1
みりん…大さじ2

つくり方

1）大葉と生姜はみじん切りにする。
2）大葉以外の材料を鍋に入れてひと煮立ちさせたら火を止め、大葉を加えて混ぜ合わせる。

＊冷蔵で3～4週間保存できる。

アジと味噌をたたくだけ
鮮魚を使ったお手軽おかず

なめろう

◎材料：4人分
アジの刺身…1尾分
赤玉ねぎ…1/10個
青ねぎ…1本
大葉と生姜の味噌…大さじ1
◎つくり方
1. 赤玉ねぎは、薄くスライスしてさらに4等分し、水に5分さらして水気を切る。青ねぎは小口切りにする。
2. アジの刺身と大葉と生姜の味噌をまな板にのせ、包丁でたたいて混ぜる。なめらかになったら**1**を混ぜる。

ついついおかわりしたくなる
宮崎のぶっかけ飯

冷や汁

◎材料：4人分
きゅうり…1本
みょうが…2個
絹豆腐…100g
アジ味噌…150㎖
だし汁…3カップ
塩…少々
白炒りごま…適量
ご飯・氷…適量
◎つくり方
1. きゅうりは薄切りにし、塩を振ってしんなりさせギュッと絞る。みょうがは輪切りにする。
2. アジ味噌にだし汁を少しずつ足し、その都度よく混ぜる。**1**と手でちぎった豆腐、氷を入れ、ご飯にかけて食べる。好みでごまを散らす。

季節の味噌

秋の味噌

くるみ味噌

香ばしい木の実味噌が料理にコクを出します

材料：150㎖分
くるみ…50g
味噌…大さじ4
みりん・酒・砂糖
…各大さじ1

つくり方
1）くるみは炒ってからすり鉢で粗めにする。
2）鍋にすべての材料を入れ、ひと煮立ちさせる。

＊冷蔵で3～4週間保存できる。

きのこ味噌

好みのきのこならなんでもOK
白いご飯にもよく合います

材料：150㎖分
きのこ（しめじ、舞茸、椎茸）
…合わせて50g
味噌…大さじ3
酒…大さじ1と1／2
みりん…大さじ1
砂糖…小さじ1

つくり方
1）きのこは軸を取り、手で細かく裂く。
2）鍋に1と酒を入れ蓋をして酒蒸しする（写真）。きのこがしんなりしたら他の調味料を加えて混ぜ合わせ、ひと煮立ちさせる。

＊冷蔵で2週間保存できる。

果実の甘味に味噌がよく合う
滋味深いフルーツ料理

無花果の
くるみ味噌添え

◎材料：4人分
いちじく（皮はむいてもよい）…2個
くるみ味噌…大さじ3～4
◎つくり方
いちじくは優しく洗い4等分にする。
くるみ味噌を添える。

きのこ味噌の食感と
とろろのまろやかさがおいしい

とろろそばの
きのこ味噌がけ

◎材料：2人分
乾そば…2束
そば湯…大さじ2
長芋…200g（長さ10cm）
きのこ味噌…大さじ4
好みでワサビ…少々
◎つくり方
1. 乾そばをゆでる。長芋は皮をむいてすりおろし、とろろにする。
2. 1のそばにそば湯をかけ、とろろときのこ味噌をのせ、ワサビを添える。

季節の味噌

冬の味噌

ねぎ味噌

ねぎの青い部分も
じっくり炒めて甘味を生かす

材料：150㎖分

長ねぎ…1本

A
- 味噌…大さじ3
- 八丁味噌…大さじ1
- 酒・砂糖・みりん…各大さじ1

つくり方

1) 長ねぎは青い部分もみじん切りにし、ごま油（分量外）でしんなりするまで炒める（写真）。

2) 1にAを加えて混ぜ合わせ、ひと煮立ちさせる。

＊冷蔵で3〜4週間保存できる。

ゆず味噌

素材の風味を生かす白味噌に
上品な香りを刻み入れて

材料：150㎖分

ゆずの皮…1個分

A
- 白味噌…大さじ4
- みりん…大さじ1
- 酒…大さじ1

つくり方

1) ゆずの皮をみじん切りにする。

2) Aを混ぜ合わせ、火にかけてひと煮立ちしたら火を止め、1を加え混ぜる。

＊冷蔵で2週間保存できる。

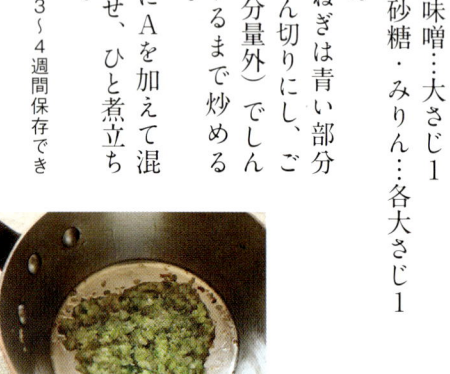

薬味いらずのシンプル料理
食事にもおつまみにも

油揚げの
ねぎ味噌焼き

◎材料：2～3人分
油揚げ…1枚
かいわれ大根…1パック
ねぎ味噌…大さじ1
すだち…1/2個
◎つくり方
1. 油揚げの片面にねぎ味噌を塗り、グリルなどで焦げめがつくまで焼き、一口大に切る。
2. 食べやすく切ったかいわれ大根とともに1を皿に盛り、すだちを搾ってかける。

ゆずの香りでさっぱり
とろりとした焼き上がりに

鮭の西京漬け

◎材料：2人分
鮭…2切れ
塩…少々
ゆず味噌…150mℓ
クレソン…適量
◎つくり方
1. 鮭に塩を振り10分ほどおいたらキッチンペーパーで水気をふきとる。容器にゆず味噌を入れ、鮭を半日以上漬ける。
2. 鮭を取り出し、味噌をぬぐい取るか水で洗い、グリルで焼く。器にのせ、クレソンを添える。

おかず味噌

おにぎりにのせて食べるのはもちろん
そのままお茶うけにしたり
お酒のおつまみにもおすすめです。

コクがたっぷりの肉味噌
食感を残すために
豚肉は手で裂いて

油味噌

材料：150㎖分

豚バラ肉…200g
生姜のスライス…1枚
A
- 味噌…大さじ3
- 黒糖…大さじ2
- 泡盛（なければ酒）…大さじ1

ごま油…小さじ2

つくり方

1) 鍋にたっぷりの湯をわかし、豚肉と生姜を入れやわらかくなるまでゆでる。肉を取り出して手でほぐす。

2) フライパンに1の肉を入れごま油で炒め、油が全体にまわったらAを加えてよく混ぜ、ひと煮立ちさせる。

＊冷蔵で2週間保存できる。

ピリッとした辛味で
ご飯もすすむ
ごま油の香りとも
バランスよし

南蛮味噌

材料：150㎖分

青唐辛子…8本
A
- 味噌…大さじ5
- みりん・砂糖…各大さじ2
- 酒…大さじ1

ごま油…小さじ2

つくり方

小口切りにした青唐辛子をごま油でしんなりするまで炒める。Aを加え、ひと煮立ちさせる。

＊冷蔵で2～3週間保存できる。

貝の身をごろっと入れて
うま味が味噌に溶け込みます

アサリ味噌

材料：150㎖分

アサリのむき身…200g
酒…大さじ1
A
- 味噌…大さじ4
- 砂糖・みりん…各大さじ1

つくり方

鍋にアサリと酒を入れ酒蒸しにする。アサリに火が通ったらAを加えてよく混ぜ、ひと煮立ちさせる。

＊冷蔵で1週間保存できる。

根菜の滋味と風味がたっぷり
ペッパーが効いた甘口味噌

時雨《しぐれ》味噌

材料：150㎖分
蓮根…中5cm分
ごぼう…1／2本
にんじん…中1／4本
生姜…1／2かけ
A ┌麦味噌…大さじ3
　└酒・みりん・砂糖…各大さじ1
ごま油…小さじ2
ピンクペッパー…少々

つくり方
1）根菜類はすべて細かくみじん切りにする。
2）鍋に1を入れ、ごま油で炒め、Aを加えてひと煮立ちさせる。食べる直前にペッパーを振る。

＊冷蔵で2週間保存できる。

もろみ味噌のような食感
雑穀のプチプチが癖になる

雑穀味噌

材料：150㎖分
雑穀（赤米、ひえ、もちあわ、もちきびなど）…30g
水…60㎖
A ┌味噌…大さじ2と1／2
　└酒・みりん・砂糖…各大さじ1

つくり方
1）雑穀を分量の水で、水分がなくなるまで煮る。
2）鍋に1とAを入れよく混ぜ、ひと煮立ちさせる。

＊冷蔵で2週間保存できる。

なすと油と味噌
相性抜群の組み合わせ

なす味噌

材料：150㎖分
なす…1本
A ┌味噌…大さじ3
　└酒・砂糖・みりん…各大さじ1
ごま油…大さじ1
塩…少々

つくり方
1）なすは薄いイチョウ切りにし、塩を振ってアクを出し、水気をふいておく。
2）フライパンにごま油をひいて1を入れ、しんなりするまで炒める。Aを加えよく混ぜ合わせ、ひと煮立ちさせる。

＊冷蔵で1週間保存できる。

万能味噌

乾物や香味野菜、特徴のある味噌を使い、料理に複雑な味わいと風味を加えます。

なめらかな仕上がりで料理に使いやすい

にんにく味噌

材料：150㎖分
にんにく…3個
味噌…大さじ4
みりん…大さじ2
酒・砂糖…各大さじ1

つくり方
1）にんにくは皮をむき、鍋でひたひたの水とともにやわらかくなるまで煮る。
2）別の鍋に1を入れてヘラでつぶし（写真）、他の調味料を加え混ぜ、ひと煮立ちさせる。

＊冷蔵で1カ月保存できる。

味噌のバーニャカウダ

◎材料：4人分
ホワイトアスパラガス…4本
セロリ（内側部分）…4本
紫キャベツ…1/8個
にんにく味噌…大さじ3
オリーブオイル…大さじ3

◎つくり方
1. アスパラガスは筋を取ってゆで、セロリは根元を切り、紫キャベツは食べやすい大きさに切る。器に盛る。
2. 鍋ににんにく味噌とオリーブオイルを入れ弱火にかけ、ひと煮立ちしたら器に入れる。1に付けて食べる。
＊にんにくの風味とオリーブオイルでコクのあるソースに仕上がります。

豆味噌のコクと豊かな風味を楽しむ

八丁味噌だれ

材料：150㎖分
八丁味噌…60g
酒…大さじ3
みりん・砂糖…各大さじ2

つくり方
鍋にすべての材料を入れて混ぜ、ひと煮立ちさせる。
＊冷蔵で2〜3週間保存できる。

磯の香りがほんのり漂う甘口の味噌

海苔味噌

材料：150㎖分
白味噌…大さじ4
青海苔・酒・みりん…各大さじ1

つくり方
鍋にすべての材料を入れ、ひと煮立ちさせる。
＊冷蔵で2週間保存できる。

里芋の海苔味噌和え

◎材料：4人分
里芋…10個
海苔味噌…大さじ3〜4

◎つくり方
里芋は蒸して皮をむき、海苔味噌と和える。
＊ほっくりした里芋にからめるだけ。淡泊な素材も風味豊かに。

牛すじのどて煮

◎材料：つくりやすい分量
牛すじ…300g
こんにゃく…1枚（下ゆでしてアク抜き）
酒…大さじ2
にんにく・生姜…各1かけ
長ねぎ…1/2本（青い葉の部分）
A〔八丁味噌だれ…150㎖、水…4カップ、赤唐辛子…1本〕
刻みねぎ…適量
好みで七味唐辛子…少々

◎つくり方
1. 牛すじは鍋に入れ、ひたひたの水、酒、にんにく、生姜の皮、長ねぎを加え、牛すじがやわらかくなるまで1時間ほどゆでる。
2. 別の鍋にAとみじん切りの生姜を入れて煮立たせ、1の牛すじとこんにゃくを加え、汁気が半分になるまで煮込む。器に盛り、刻みねぎと七味唐辛子をかける。
＊20〜30分煮込むだけで深みのある味に。たれはフライやおでんにも。

万能味噌

ひとさじ加えれば
どんな料理も中華風に

海鮮中華味噌

材料：150㎖分

干し貝柱…3個
干しエビ…大さじ1
A［にんにく・生姜…各1／2かけ
　セロリ…1／2本
ごま油…大さじ1
貝柱とエビの戻し汁…大さじ2
B［味噌…大さじ2
　テンメンジャン・酒・みりん…各大さじ1
　砂糖…小さじ2
　醤油…小さじ1

つくり方

1）干し貝柱と干しエビを半日ほど水40㎖につけて戻しておく。

2）鍋にごま油をひき、みじん切りにしたA、戻した貝柱とエビ、戻し汁を入れて炒める（写真）。油が全体になじみ、香りが出たらBを加え混ぜ、ひと煮立ちさせる。

＊冷蔵で2～3週間保存できる。

たたききゅうり

◎材料：4人分
きゅうり…2本
長ねぎ…10cm（白髪ねぎ）
海鮮中華味噌…大さじ3
ごま油…少々

◎つくり方
きゅうりは皮をむいて麺棒でたたき、食べやすい大きさに切り器に盛る。海鮮中華味噌と長ねぎをのせ、ごま油をかける。
＊貝柱の風味で複雑な味に。味噌は中華麺やチャーハンの味付けにも。

ごまとナッツで香ばしい

ごまと木の実の味噌

材料：150㎖分

カシューナッツ…30g

白炒りごま…大さじ3

A［味噌…大さじ3

　 砂糖・酒・みりん

　 …各大さじ1

つくり方

1) カシューナッツは炒ってすり鉢ですする。ある程度細かくなったらごまも加えてさらにすり混ぜる。

2) 鍋に1とAを入れ、混ぜ合わせてひと煮立ちさせる。

＊冷蔵で3～4週間保存できる。

忙しい朝やお弁当に重宝

味噌汁の素

材料：150㎖分（4回分）

米味噌・麦味噌

…各大さじ3

乾物の具（ワカメ、三つ葉、麩など）…合わせて大さじ3

昆布茶…大さじ2

鰹粉（または煮干し粉）

…大さじ1

つくり方

すべての材料を混ぜ合わせる。

＊冷蔵で1カ月保存できる。

即席お味噌汁

◎材料：1人分

味噌汁の素…大さじ1と1/2

湯…1カップ

◎つくり方

椀に味噌汁の素を入れ、熱湯を注いでかき混ぜる。1分ほどおいて乾燥した具が戻ってからいただく。

＊好みの乾物をたくさん入れれば、具沢山の汁物が簡単につくれます。

ぶどうとにんじんの和えもの

◎材料：4人分

にんじん…1と1/2本

セロリ…2本

塩…少々

ぶどう（デラウェア）…1房

ごまと木の実の味噌…大さじ2

すだちの果汁…2個分

◎つくり方

1. にんじんとセロリは塩もみし、水気を絞る。ぶどうの皮をむく。

2. ごまと木の実の味噌とすだちの果汁を混ぜ合わせ、1を和える。

＊ナッツの風味と、ぶどうの酸味がぴったりのサラダです。

日々の調味料

醤油・酢をベースにした定番料理から
おもてなしの料理まで幅広く使える

醤油ベース

にんにくごま醤油

つけだれでも、かけだれにしても料理にコクを出す

材料：つくりやすい分量
にんにく…3かけ
白炒りごま…大さじ2
A「醤油…1カップ
　 酒・みりん…各大さじ2
　 砂糖…大さじ1

つくり方
1) 鍋にAを入れひと煮立ちさせて冷ます。
2) 1に皮をむいたにんにく、ごまを入れる。

*冷暗所で1年保存できる。

豆苗のナムルと漬け玉子

◎材料：4人分
豆苗…1パック
卵…2個
熱湯…1カップ
にんにくごま醤油…適量
A┌生姜のすりおろし…小さじ1/2
　└ごま油…大さじ1

◎つくり方
1. 鍋に卵とかぶる程度の水を入れて中火にかけ、約8分ゆでて冷ます。殻をむき、卵がぎりぎり入るくらいの小さい容器に入れ、にんにくごま醤油を注ぎ、半日漬ける。
2. 豆苗は適度に切ってザルに入れて熱湯をさっとかけ水気を切り、にんにくごま醤油とAを合わせたものと和える。**1**に添える。
*漬けるだけ、かけるだけでしっかりした味付けに。忙しい日の前菜に。

醤油ベース

香り立つ初夏の実は
漬けるほどに風味を増す

山椒醤油

材料：つくりやすい分量
山椒の実（茎を取り除いたもの）…1／4カップ
醤油…1カップ
酒・みりん…各大さじ2

つくり方
1）山椒は水に半日つけてアクを抜く。
2）1の山椒の水気を切り（写真）、醤油と、煮切って冷ました酒とみりんを合わせたものに加え混ぜる。

＊冷暗所で1年保存できる。

麻婆豆腐

◎材料：4人分
木綿豆腐…1丁(350g)
豚ひき肉…200g
湯むきしたフルーツトマト…3個
A ┌生姜・にんにく…各1かけ
A └長ねぎ…10cm
ごま油…大さじ2
豆板醤…大さじ1
山椒醤油…大さじ3
かたくり粉…小さじ2

◎つくり方
1. 豆腐は一口大に切り、塩ひとつまみを加えた湯で2分ほどゆでてザルにあげる。トマトはくし型に8等分する。
2. 鍋にごま油とみじん切りしたAを入れて炒め、香りがでたら豆板醤を加え混ぜ、豚ひき肉を加える。
3. 豚肉に火が通ったら1の豆腐とトマト、山椒醤油を加えてひと煮立ちさせる。
4. 同量の水で溶いたかたくり粉を回しかけて優しく混ぜ合わせ、ひと煮立ちさせる。
＊トマトの酸味と山椒がアクセント。さっぱりとした味わいです。

醤油
ベース

生姜がピリッと効いた
甘辛なたれ

生姜醤油

材料：つくりやすい分量
生姜…1かけ
醤油…1カップ
酒・みりん・砂糖
…各大さじ2

つくり方
1）生姜以外の材料を火にかけ、ひと煮立ちさせて冷ます。
2）1にせん切りにした生姜を加える。

＊冷暗所で1年保存できる。

メカジキと野菜のグリル

◎材料：4人分
メカジキ…4切れ
ししとう…8本
とうもろこし…1本
パプリカ（黄・赤）…各1/2個
にんにく…1かけ
白ワイン…大さじ2
オリーブオイル・生姜醤油…各適量
塩・こしょう…各少々

◎つくり方
1. メカジキの両面に塩、こしょうを振る。とうもろこしはゆでて実をそぐ。ししとうは縦半分に切る。パプリカは縦に切って種を取り、さらに横半分にしてから縦に薄切りにする。
2. フライパンにオリーブオイルと薄切りにしたにんにくを入れ弱火にかけ、香りが出たら中火にしてメカジキを入れる。片面に焼き色がついたら白ワインを加え蓋をし、水分がなくなるまで蒸し煮にする。
3. 別のフライパンにオリーブオイルをひき、とうもろこし以外の野菜を炒め、塩、こしょうで味を調える。器に2のメカジキ、1のとうもろこしと野菜を盛り、生姜醤油をかける。
＊生姜のおかげで魚の臭みもなく食べやすい。豚の生姜焼きにも便利。

醤油ベース

磯の香りとうま味を
料理に加えます

海苔醤油

材料：つくりやすい分量
焼き海苔…全形2枚
醤油…1カップ
酒・みりん・砂糖
…各大さじ2

つくり方
1）海苔をあぶる（写真）。
2）鍋に調味料と1をちぎって入れ、火にかけてひと煮立ちさせる。
＊冷蔵で1カ月保存できる。

海苔醤油のアボカド和え

◎材料：つくりやすい分量
アボカド…2個
海苔醤油…小さじ4
練りワサビ…好みの量

◎つくり方
アボカドは皮をむいて種を取り、一口大の乱切りにする。海苔醤油に好みでワサビを溶き入れ、全体にかける。
＊アボカドを“和”でいただく一皿。海苔醤油は長芋やお餅にかけても◎。

なめこのとろみは
あんかけに最適

きのこのだし醤油

だし
ベース

材料：つくりやすい分量
干し椎茸…1個
えのき…1パック
なめこ…1パック
酒…大さじ1
みりん…小さじ2
薄口醤油…大さじ3
椎茸の戻し汁…大さじ2

つくり方
1) 干し椎茸はかぶる程度の水で戻し、薄切りにする（戻し汁は捨てない）。えのきは軸を取り半分の長さに切る。
2) 鍋にきのこ類と酒、みりんを入れ蓋をして蒸し煮にし（写真）、火が通ったら薄口醤油と椎茸の戻し汁を加え、ひと煮立ちさせる。

*冷蔵で4日保存できる。

がんもの
きのこあんかけ

◎材料：4人分
きのこのだし醤油…上記の全量
揚げ油…適量
【がんも】
木綿豆腐…1丁（350g）
にんじん…1/5本（20g）
乾燥ヒジキ…20g
黒炒りごま・かたくり粉・薄口醤油
…各小さじ1
塩…ひとつまみ

◎つくり方
1. 豆腐は水切りしておく。ヒジキは水で戻し水気を切る。にんじんは3cmのせん切りにしてゆでる。
2. 1と他のがんもの材料すべてを混ぜ合わせ、直径5cmほどに丸める。150℃の油で揚げ始め、最後は190℃ほどの高温できつね色に揚げる。
3. 温めたきのこのだし醤油を2にかける。
＊きのこのだし醤油になめこは必須。ご飯やそうめんにもぴったり。

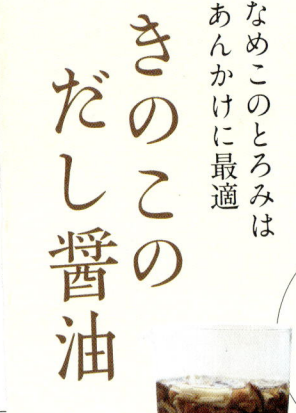

うま味をしっかりつけたい料理に

薄口だし醤油

だしベース

材料：つくりやすい分量
昆布（5cm角）…2枚
鰹節…10g
水…2と1/2カップ
酒・みりん…各大さじ1
薄口醤油…大さじ1と1/2

つくり方
1）水に昆布と鰹節を入れ2時間おく。
2）1を火にかけ、ひと煮立ちしたらその他の材料を加え弱火で5分煮込み、火を止めてそのまま冷ます。冷めてから濾す。

＊冷蔵で1週間保存できる。

ひたし豆

◎材料：つくりやすい分量
青大豆…200g
薄口だし醤油…2カップ
塩…ひとつまみ

◎つくり方
青大豆は水に半日つけておく。たっぷりの湯に塩を入れ、青大豆をゆでる。水気を切り、薄口だし醤油に浸す。
＊豆とだしのうま味で箸が止まらなくなります。豆は食感を少し残して。

麺やおひたしドレッシングに

めんつゆ

だしベース

材料：つくりやすい分量
A
煮干し…12g（頭と内臓を取る）
干し椎茸…1枚
昆布（5cm角）…2枚
水…2カップ
B
みりん…大さじ3
酒…大さじ2
C
鰹節…1カップ
醤油…1カップ

つくり方
1）水にAを入れ1時間〜半日浸け、火にかけ、沸騰直前に昆布を除く。沸騰したら別に合わせて煮切っておいたBとCを加え、アクをとりながら5分煮る。
2）粗熱がとれてから濾す。

＊冷蔵で1週間保存できる。

キャベツとみょうがのおひたし

◎材料：4人分
キャベツ…8枚
みょうが…2個（斜め輪切り）
めんつゆ…大さじ3〜4
揚げ玉…大さじ1

◎つくり方
ちぎったキャベツを冷水に5分浸け、ザルにとり熱湯をかけて再び冷水に浸ける。水気を切り、みょうが、揚げ玉とともに器に盛り、めんつゆをかける。
＊揚げ玉でボリュームアップ。めんつゆは麺はもちろん、丼物などにも。

煮物にはこれ1本
うま味が凝縮しています

こっくり煮物だれ

煮物だれ

材料：つくりやすい分量
干し椎茸…3枚（10g）
醤油…大さじ3
みりん…大さじ2
酒・砂糖…各大さじ1
水…1カップ

つくり方
1）干し椎茸をかぶるくらいの水で浸け戻す。
2）鍋にすべての材料と戻し汁を入れて火にかけてひと煮立ちさせる。

＊冷蔵で1週間保存できる。

手羽中と大豆の煮物

◎材料：つくりやすい分量
手羽中…200g
ゆでた大豆…200g
ごぼう…1本
さやえんどう…4枚
こっくり煮物だれ…上記の全量
（干し椎茸も使う）

◎つくり方
1. ごぼうは皮をこそげ取り、斜め輪切りして水に5分さらす。さやえんどうは塩ゆでし、斜めせん切りにする。
2. ごま油（分量外）をひいた鍋で手羽中を焼き目がつくまで炒めたら、水気を切ったごぼうを加える。油が全体になじんだら一口大に切った椎茸とこっくり煮物だれを加えてごぼうがやわらかくなるまで中火で煮る。
3. 大豆を加え強火にし、煮汁が少し残る程度まで煮詰める。器に盛り、1のさやえんどうを散らす。
＊しっかりした味付けに仕上がるので、常備菜やお弁当にぴったり。

料理を淡い色味に仕上げて
たれの中の具も使える

あっさり煮物だれ

煮物
だれ

材料：つくりやすい分量
干し貝柱…2個
昆布（5㎝角）…2枚
白醤油（薄口醤油でも可）
…大さじ1と1／2
酒…大さじ1
水…2と1／2カップ

つくり方
1）干し貝柱と昆布は半日ほど水に浸け戻す。
2）鍋にすべての材料と戻し汁を入れ、ひと煮立ちさせる。

＊冷蔵で4～5日保存できる。

大根と湯葉のあっさり煮

◎材料：4人分
大根…1/4本
生姜…1/2かけ
乾燥ゆば…5g
あっさり煮物だれ…上記の全量
（貝柱も使う）
葛粉（かたくり粉）…小さじ1

◎つくり方
1. 大根は皮をむき、薄い半月切りにする。生姜はせん切りにする。あっさり煮物だれの干し貝柱はほぐしておく。
2. 鍋にあっさり煮物だれと大根と生姜を加え中火で煮る。沸騰したら昆布を取り出し、大根がやわらかくなるまで煮込む。
3. 火が通ったら乾燥ゆばを適当に切って加え、ひと煮立ちさせる。
4. 同量の水で溶いた葛粉を回し入れひと煮立ちさせる。
＊うま味たっぷりの、とろりとしたあんかけで体も温まります。

子どもから大人まで大好きな甘辛のたれ

てりやきだれ

たれベース

材料：つくりやすい分量
醤油…1／2カップ
みりん…1／2カップ
砂糖…大さじ3

つくり方
鍋にすべての材料を入れ、ひと煮立ちさせる。

＊冷蔵で1週間保存できる。

ゆずつくね
ハンバーグ

◎材料
【つくね】
鶏ひき肉…400g
玉ねぎのみじん切り…1/2個分
卵…1個
ゆずの皮…1/2個分
A ┌酒…小さじ1
　 │醤油…小さじ2
　 └塩…小さじ2/3

植物油…適量
てりやきだれ…上記の半量
B ┌大根おろし…1/2本分
　 │せん切りにした大葉…2～3枚分
　 └ゆずの皮…少々
せん切りキャベツ…適量

◎つくり方
1. ボウルに鶏ひき肉とAを入れよく練り混ぜる。玉ねぎ、溶いた卵、ゆずの皮を入れさらによく混ぜる。手に植物油を塗り、丸めてつくねをつくる。
2. フライパンに植物油をひいて中火にかけ、つくねを入れて焼き色がついたら1cmほどの深さまで水を入れて蓋をし、蒸し焼きにする。
3. 水分がなくなったら裏返し、中まで火が通るまで焼く。たれを加えてからめ、全体になじませる。
4. 器に盛り、Bを混ぜたものとせん切りキャベツを添える。
＊ゆずの香りでさっぱりした風味に。たれは鶏やブリの照り焼きにも。

たれ ベース

リンゴとワインで
フルーティーなたれ

焼き肉だれ

材料：つくりやすい分量

りんご・玉ねぎ
…各1／4個
にんにく…1かけ
生姜…1かけ
赤ワイン…1／4カップ
醤油…2／3カップ
砂糖…大さじ2
ごま油…大さじ1
酢…小さじ2
白炒りごま…大さじ1
唐辛子の輪切り…適量

つくり方

1) りんご、玉ねぎは皮をむき、すりおろす（写真）。にんにく、生姜も同様にすりおろす。

2) 鍋に1とその他のすべての材料を入れ、ひと煮立ちさせる。

＊冷蔵で2週間保存できる。2～3日おくと味がよりなじむ。

車麩の サムギョプサル

◎材料：4人分
車麩…小10枚
ごま油…適量
焼き肉だれ…1カップ弱
サニーレタス・トレビス・あさつき・
　大葉…各適量
コチュジャン…好みで適量

◎つくり方

1. 車麩は水に浸けやわらかくなるまで戻し、ギュッと手で押して水気を絞り、半分に切る。

2. フライパンにごま油をひいて熱し、**1**を炒める。こんがりと焼き目がついたら焼き肉だれを入れてからめる。

3. 野菜をちぎり、車麩を巻いて食べる。好みでコチュジャンを入れてもよい。

＊韓国の豚の焼き肉を麩でアレンジ。冷めてもおいしいです。

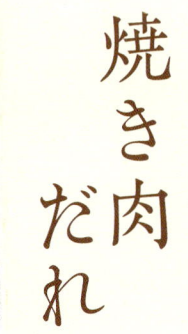

酢ベース

寝かせておいしくする柑橘酢

ポン酢

材料：つくりやすい分量
柑橘汁（ゆず、すだち、かぼすなど1～3種類）…1カップ分
醤油…1カップ
みりん…大さじ2
鰹節…15g
昆布（5cm角）…2枚

つくり方
柑橘類を搾る（写真）。容器にすべての材料を入れる。そのまま一晩置いてから濾して使う。
＊冷蔵で1年保存できる。寝かせるほど味がまろやかになる。

カニと塩漬け白菜のポン酢ジュレかけ

◎材料
ゆでズワイガニの身…80g
白菜…1/4個
ピンクグレープフルーツ…1/2個
塩…ひとつまみ
【ポン酢のジュレ】
ポン酢…1/2カップ
板ゼラチン…2枚（3g）

◎つくり方
1. ポン酢のジュレをつくる。浸る程度の水でやわらかくした板ゼラチンを、ポン酢とともに鍋に入れ火にかける。ゼラチンが溶けたら火を止めて冷まし、容器に入れて冷蔵庫で冷やし固める。
2. 白菜は、縦に4等分にしてからせん切りにし、塩をまぶしておく。しんなりしてきたら水気を絞る。ボウルに身をほぐしたカニと、グレープフルーツの房とともに混ぜ合わせ、冷やす。
3. 食べる直前に器に2を盛り、1をかける。
＊たれがゼリー状なので、野菜とからみやすく、最後まで食べられます。

甘酢

保存がきく万能合わせ酢
ピクルスや和えものにも

酢ベース

材料：つくりやすい分量
米酢…1カップ
砂糖…1／2カップ
塩…小さじ2／3

つくり方
材料を火にかけ、ひと煮立ちさせる。
＊冷暗所で1年保存できる。

菊花と蓮根の甘酢漬け

◎材料：4人分
菊花（黄色・生）…40g
蓮根…中1節
甘酢…上記の半量

◎つくり方
1. 蓮根は皮をむき、薄い半月切りにして水に5分さらす。水気を切って1分ほどゆで、ザルにあげる。
2. 菊花は花びらをむしり、さっとゆでてザルにあげる。
3. 器に1と2を入れ、甘酢を注ぐ。
＊彩がよくて、食べやすい酢の物。ちらしずしにも使えます。→p39

酢 ベース

香味野菜の風味が決め手

薬味酢醤油

材料：つくりやすい分量
長ねぎ…1／4本
生姜…1／2かけ
白炒りごま…小さじ2
A
唐辛子の輪切り…少々
酢…2／3カップ
醤油…大さじ4
砂糖…大さじ2

つくり方
1）ねぎ、生姜はみじん切りにする（写真）。
2）Aを火にかけひと煮立ちさせる。1とごまを加え混ぜる。

＊冷蔵で1週間保存できる。

鱈の南蛮漬け

◎材料
甘塩タラ…2切れ
なす…2本
紫玉ねぎ…1/4個
ディル…適量
薬味酢醤油…上記の半量
塩…ひとつまみ
かたくり粉…適量
揚げ油…適量

◎つくり方
1. なすは2cmほどの輪切りにし、塩を振っておく。紫玉ねぎは薄くスライスし、水に5分さらし水気を切る。
2. タラは、4等分にしてかたくり粉をまんべんなくつける。180℃の油でタラとなすを揚げる。
3. 2と紫玉ねぎとディルに薬味酢醤油をかけ、味をなじませる。
＊日持ちのする便利なお惣菜。魚とディルの相性も抜群。

料理が香ばしく
さっぱりした仕上がりに

ごま酢

酢
ベース

材料：つくりやすい分量
白炒りごま…1/2カップ
A
米酢…3/4カップ
砂糖…大さじ2
薄口醤油…小さじ2

つくり方
Aを入れた鍋を火にかけ、ひと煮立ちさせて冷ます。半ずりにしたごまに少しずつ加えていき、粒が残る程度にすり混ぜる。
＊冷暗所で半年保存できる。

柿と切干大根のごま酢和え

◎材料
柿…1個（太めのせん切り）
切干大根…40g（水で戻してから絞る）
さやえんどう…5本（塩ゆでして斜め切り）
ごま酢…1/2カップ

◎つくり方
柿、切干大根、さやえんどうをボウルに入れ、ごま酢を入れて混ぜ合わせる。
＊柿と乾物の簡単サラダ。ごま酢はたたきごぼうや蒸し鶏などにも。

昆布のうま味が
溶け出た万能酢

昆布酢

酢
ベース

材料：つくりやすい分量
昆布（5cm角）…2枚
米酢…1カップ
砂糖…大さじ3
塩…小さじ1

つくり方
鍋に昆布以外の材料を入れ、ひと煮立ちさせる。冷めてから容器に注ぎ入れ、昆布も入れる。
＊冷暗所で1年保存できる。寝かせるほどまろやかになる。

ちらしずし

◎材料
温かいご飯…2合分
昆布酢…大さじ2
油揚げ…1枚
にんじん…1/3本
菊花と蓮根の甘酢漬け（p37）…できあがり1/3～1/2量
こっくり煮物だれ（p32・干し椎茸も）…できあがり1/2量
三つ葉…適量
白炒りごま…少々

◎つくり方
1. 油揚げは湯通しし、にんじん、干し椎茸とともに食べやすく切り、煮物だれで煮詰める。
2. ご飯に昆布酢を加えて切るように混ぜ、汁気を切った甘酢漬けを加え混ぜる。器に盛り、1と一口大に切った三つ葉、ごまを飾る。
＊具は好きなだけ入れてOK。昆布酢は酢の物全般に使えます。

日本の和えもの

野菜などの淡白な味はコクのある衣で。
うま味のある魚介類は
酸味や辛味をきかせた衣でさっぱりと。
素材のおいしさを引き出す和え衣は
「ソース」の一種でもあります。

写真＝高木あつ子、武藤奈緒美（p.42右下）　料理＝編集部

ゆり根の梅肉和え

甘酸っぱく
彩りもよい和えものは
お寺のもてなし精進料理

材料：4人分

ゆり根…2個
梅干し…2個(40g)
砂糖…小さじ1
みりん…小さじ1

つくり方

1. ゆり根の根元に切り込みを入れ、1枚ずつはがす。黒ずんだところは除く。
2. 1を熱湯で3分ゆでる。くずれやすいので火を通しすぎない。
3. 梅干しの種を取り、砂糖、みりんを加え、すり鉢でよくする。**2**のゆり根を加えてゴムべらで和える。

ゆり根のごま和え

ゆり根の
ほっくり感を楽しむ
宮城県船形山麓の
精進料理

材料：4人分

ゆり根…2個
黒ごま…大さじ3
砂糖…大さじ1
だし(水)…大さじ1

つくり方

1. ゆり根の根元に切り込みを入れ、1枚ずつはがす。黒ずんだところは除く。
2. 1を熱湯で3分ゆでる。くずれやすいので火を通しすぎない。
3. すり鉢で黒ごまをよくすり、砂糖を加えてさらにする。だしを加えて絡みやすくし、**2**のゆり根を加えてゴムべらで和える。

じんだんとは枝豆のあん、ずんだのこと
夏から秋にかけての山形県置賜の味

ささぎのじんだん和え

材料：4人分

ささぎ（さやいんげん）
　…2袋（約160g）
枝豆…1袋（さやつきで250g、
　さやなしで150g）
砂糖…小さじ1～2
塩…小さじ1/5

つくり方

1. 枝豆はさやごと、歯ごたえが残るようにかために4分ほどゆでる。
2. さやから出した枝豆をすり鉢でよくする。砂糖、塩で味をつける。
3. ささぎをゆでて半分に切り、2で和える。

みずみずしいきゅうりに甘い粕が合う
長野県の夏の和えもの

きゅうりの粕もみ

材料：4人分

きゅうり…4本
塩…小さじ2/5
練り酒粕…40g
砂糖…大さじ2

つくり方

1. きゅうりは薄い小口切りにし、塩でもんでから絞っておく。
2. 酒粕、砂糖を混ぜ合わせ、1のきゅうりと和える。

＊練り粕がないときは、板粕を水で溶いて使う。

ピリッと辛子をきかせた
鳥取県因幡山間のいも料理

小いもの辛子味噌和え

材料：4人分

里芋（小）…500g（皮つき）
醤油…小さじ1
味噌…大さじ2
練り辛子…小さじ1/2～1
砂糖…小さじ2

つくり方

1. 里芋は洗ってから手で皮がむける程度にゆでて、皮をむく。
2. 鍋に里芋を入れ、ひたひたの水を加え、醤油を加え、やわらかく煮ておく。
3. すり鉢で味噌をすり、練り辛子と砂糖を合わせて辛子味噌をつくり、2の里芋を和える。

酢で締めたサバやフナでつくる
香川県の酢味噌和え

てっぱい

材料：4人分

締めサバ…1さく（そぎ切り）
大根…1/5本（200g）
にんじん…1/4本（50g）
塩…小さじ1/2
酢味噌
- 酢、砂糖、だし（水）…各大さじ1
- 白味噌…40g

赤唐辛子…1本（輪切り）
練り辛子…少々
小ねぎ…2本

つくり方

1. 大根、にんじんは短冊に切り、塩をしてやわらかくし、水を切っておく。
2. 酢味噌の材料を混ぜ合わせ、赤唐辛子、練り辛子を加える。
3. 締めサバと1の大根、にんじんを入れて混ぜ、小口切りの小ねぎをちらす。

くるみとはイカ墨のこと
海の幸豊かな山形県飛島の料理

イカのくるみ和え

材料：4人分

スルメイカ…2杯
長ねぎ…1本
味噌…大さじ2

つくり方

1. イカは、ワタ（内臓）をやぶらないよう足を抜く。目、口、軟骨を取って洗う。足からワタを切り離し、墨は別にしておく。
2. イカの胴、足をさっとゆでる。胴は5mmほどの輪切りにし、足は食べやすい長さに切る。
3. 鍋に2のイカと1のワタを入れ、食べやすく切った長ねぎ、味噌を加えて混ぜ、さっと火にかけ煮和えにする。最後に墨を加えてよく混ぜる。

おなじみの和えもの

●和えもののポイント

・具は和える前にゆでたり下味をつけたりしておくが、歯ごたえを大事にして火を通しすぎないようにする。
・和えてから時間がたつと、衣の塩分で具の野菜などから水分が出てくるので、食べる直前に和える。

※右記のレシピは本誌「うかたま」11号（2008年7月発行）、18号（2010年4月発行）の再掲です。

蓮根の落花生和え

蓮根1本をゆがいて皮をむき、薄切りにし、醤油小さじ1とひたひたのだしで煮る。炒り落花生70gをすり鉢ですり、醤油2滴とだしを適量加え、蓮根を和える。

ヒジキの白和え

水気を切った木綿豆腐2/3丁、白ごま大さじ3をすり合わせ、砂糖大さじ1、醤油小さじ2、塩小さじ1/5で調味し、ヒジキと油揚げとこんにゃくの煮物を和える。

地域限定！ 調味料カタログ

熟成してつくる辛味だれや魚醤、独特な香辛料など、
日本各地にたくさんあるたれや調味料。
家々で伝えつくられてきたものや、特有の素材を使ったものなど、
お国自慢の調味料をご紹介します。

金山寺味噌

和歌山県、愛知県、静岡県など

なめ味噌の一種。米・麦・大豆を合わせてつくる麹に、塩漬けした野菜を入れて熟成させる。地域や材料によって仕込み期間は1週間～1年とさまざま。夏野菜を冬まで食べつなぐための保存食で、鎌倉時代に僧侶によって中国から伝えられた。茶がゆや野菜に添えたり、酒の肴にしても。

金山寺みそ 350g 577円
(問) 和歌山県田辺市・(株) 秋幸醸造 ☎0739-35-0238

三升漬

北海道・東北地方

刻んだ唐辛子、米麹、醤油をそれぞれ同量ずつ漬け込んだ保存食で、かつて一升ずつ漬けていたことが名前の由来。唐辛子の辛味と麹の甘味が絶妙。旬の野菜や魚介を一緒に漬け込むこともあり、各家庭によって味が違う。湯豆腐やご飯にのせたり、おひたしなどにかけて食べる。

お茶の水手づくり三升漬
130g 378円 (問) 北海道岩見沢市・御茶の水農産加工研究会 ☎0126-26-2225

柚子胡椒

九州地方

まだ青い柚子の皮と刻んだ青唐辛子を、塩とともにすりつぶして1週間ほど熟成させたもの。黄色い柚子と赤唐辛子でつくるオレンジ色の柚子胡椒もある。味噌汁やうどん、鍋などの薬味や、刺身につけるのが昔からの食べ方。最近では、ステーキやパスタなど洋風の料理にも使われている。

ゆずこしょう 70g 400円
(問) 福岡県豊前市・轟の里
☎0979-84-0544（道の駅豊前おこしかけ）

しょっつる

秋田県

ハタハタに塩を加え、3年ほど発酵、熟成させてつくる魚醤。白身魚の風味が生きて、魚醤の中では比較的あっさりとした味が特徴。昔は家庭で醤油の代わりにつくられていた。地元では、ハタハタを長ねぎや豆腐と煮るしょっつる鍋やきりたんぽなどの鍋のだしなどに使われている。

秋田しょっつるハタハタ
130g 735円
(問) 秋田県男鹿市・諸井醸造所 ☎0185-24-3597

コーレーグース

沖縄県

沖縄産の島唐辛子（別名コーレーグース）を泡盛に漬け込んだ香辛料。泡盛だけでなく酢が入ったものもある。豚肉をのせた沖縄そば（小麦の麺）やソーキ汁などの汁ものに入れたり、チャンプルーの隠し味にしたり、とくに沖縄料理には欠かせないピリ辛調味料。

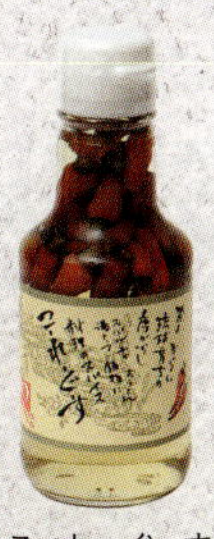

わしたこーれーぐーす
150g 577円
(問) 沖縄県那覇市・(株) 沖縄県物産公社 ☎0120-097082

かんずり

新潟県

秋に収穫して塩漬けにした赤唐辛子を、厳寒期に3～4日雪にさらしてアク抜きし、米麹、柚子などを加えて3年ほど熟成・発酵させる。「寒づくり」がなまって「かんずり」に。体を温め、ビタミン補給にもなる豪雪地帯ならではの食欲増進調味料。そばや湯豆腐の薬味や、野菜につけて食べる。

かんずり 57g 525円
(問) 新潟県妙高市・(有) かんずり ☎0255-72-3813

ヒハツ

沖縄県、鹿児島県

国内ではこの温暖な地域でしかとれない希少な香辛料。フィファチ、ナガコショーとも呼ばれるコショウ科の植物で、実を粉にして使う。辛味と、シナモンに似た独特の甘い香りが特徴。八重山そば（沖縄そばの一種）のスパイスとして使う。野菜の炒めものなどのアクセントにもむく。

フィファチ 30g 525円
(問) 沖縄県那覇市・(株) 沖縄県物産公社 ☎0120-097082

いしり

石川県

イカの内臓を塩で仕込み、1年ほど発酵させてつくる魚醤。多種の魚でつくる「いしる」もある。魚介の内臓や骨を無駄にしない知恵として、漁村でつくられてきた。魚と野菜がたっぷりのいしり鍋のだしや、刺身醤油にするなど、魚介類によく合う。大根などじっくり味を浸みさせる煮物にもおすすめ。

能登いしり 300㎖ 600円
(問) 石川県能登町・石川県いか釣生産直販協同組合
☎0120-10-0060

按田優子さんの提案

毎日使える、味の世界が広がる
スパイスとハーブの自家製調味料

「おいしさに国境なし」という按田優子さんは万国のハーブやスパイス使いの達人。毎日楽しめる手軽な使い方を教えてもらいました。いつものお家のごはんにプラスするだけで中国・韓国・中東風…とレパートリーが広がります。

料理・レシピ＝按田優子　写真＝西山輝彦　スタイリング＝モリグチ305

ひとさじで韓国の味
ヤンニョム
→ p.46

中華独特のコクが身上
豆豉スパイスミックス
→ p.48

本格エスニック料理がぐっと身近になる
万能辛味だれ4種

中東風の爽やかな辛味
スクッグ
→ p.52

ふりかけ感覚でお手軽
ココナッツかつぶし
→ p.50

カレーに麻婆豆腐、パスタソース。スーパーの店頭には「○○の素」が所狭しと並んでいます。それはそれで便利ですが、商品の味がわが家の味になってしまうし、北から南まで日本中で同じ味の麻婆豆腐を食べているのは、ちょっとさびしい。

じゃあ本場の味を再現するために、インド料理の本を凝視しながらカレー用のスパイスを何種類も買い集める？　それも面倒でお金がかかるし、いつまでたってもなじみのない外国のごはんのままです。毎日の献立にバリエーションは欲しいけれど、そもそも料理は自分や家族の体調や好みを考えて、季節を感じながらカスタマイズするもの。食べ慣れた料理で、さらにいろんな風味を感じることができたら理想的だと思いませんか。しかも、ハードルはできるだけ低いほうがいい。

そこでわたしが提案するのは、4種類の万能辛味だれと、ハーブとスパイスを使った9種類のフレーバーソルトです。これらの調味料をいつもの「家ごはん」にプラスするだけで、世界のさまざまな地方の風味になりますし、味もちゃんと決まります。調理時間だって確実に短くなります。本場の味とは違うかもしれませんが、家族みんなが大好きな味にプラスするのだから、それぞれの家庭の味に仕上がるはず。

最初は、○○風だってかまわない。どんどん使いこなして、○○風を〝わが家風〟にしてしまいましょう！

器・クロス協力：Cosi Cosi　☎ 03-3463-2525

混ぜるだけですぐできる
シンプルな調味料

フレーバーソルト9種

生姜×ターメリック×塩
→ p.60

バジル×塩
→ p.56

ミント×塩
→ p.56

フェンネルシード×レモンの皮×塩
→ p.60

サフラン×塩
→ p.58

コリアンダー×にんにく×塩
→ p.56

シナモン×こしょう×塩
→ p.58

赤唐辛子×赤ピーマン×塩
→ p.60

ラベンダー×タイム×塩
→ p.58

スパイスとハーブのこと

ここで挙げるスパイスやハーブはほんの一例。いろいろ使ってみて好みのものを見つけましょう。家で眠っているスパイスやハーブがあればまずはそれで試すのがおすすめ。

●スパイス

たとえば唐辛子など、辛味や香り、色などを料理につける香辛料のこと。ここで出てくるフェンネルシード（ウイキョウの種実）やコリアンダーシード（パクチー、香菜の種実）、ターメリック（ウコンの乾燥粉末）は、醤油や味噌とよく合うのでそろえておくと便利です。サフラン（薬用サフランの乾燥めしべ）は料理に黄色を付ける印象が強いですが、その上品な香りも魅力的。お菓子でおなじみのシナモン（ニッキの乾燥樹皮）も、じつは料理にも活躍します。固定観念にとらわれずに使ってみましょう。

●ハーブ

香草の総称です。今回はミント、バジル、コリアンダーの葉はフレッシュ（生）で使い、その新鮮な香りを生かします。ラベンダーとタイムはドライ（乾燥）で使います。ドライハーブは一般に香りの強いものが多く、少量でも効果がわかりやすいのが特徴です。初めてのハーブに出会ったら、まず塩と合わせて料理に使い、香りや味の特徴を確かめてみるのがおすすめです。

ご飯がすすむ！
鍋の素を使わなくても風味は満点

韓国風牛すじ鍋

●材料：4人分
牛すじ…350g
水…3カップ
ヤンニョム…大さじ2
醤油…大さじ2
塩…小さじ1/2
長ねぎ…1本(斜め薄切り)
にら…1/2束(5cm幅に切る)
豆もやし…100g

●つくり方

1.牛すじを煮る
牛すじを分量の水でやわらかくなるまで煮る。蓋つきの鍋の場合、蓋をして1時間ほど。圧力鍋の場合、20分圧をかける。

2.他の具材も煮る
牛すじがやわらかくなったら、ヤンニョム、醤油、塩を加えて10分煮る。長ねぎ、にら、豆もやしを加えて5分ほどさっと火を通す。
＊脂肪分が気になる場合は、牛すじを水煮した時点で寒い時期は放置、夏場は冷蔵庫に入れると、脂肪分が上に固まるので取り除いてから味付けする。

万能辛味だれ 1

ヤンニョム

韓国の家庭料理に欠かせない合わせ調味料です。
本場のレシピはごま油を加えたものですが、わたしは料理に応じてその都度、ごま油やオリーブオイルを加えて楽しんでいます。
こうすると油の酸化を気にせずに保存できるし、味の幅も広がるのです。

<材料とつくり方>

材料(つくりやすい分量)
a ┌ 長ねぎ…1/2本(適宜切る)
a │ にんにく…大1玉(皮をむく)
a └ 青唐辛子①…10本ほど(種ごと使う)
赤唐辛子粉②…大さじ5
白すりごま…大さじ3
醤油…1/2カップ

①

②

1
aをフードプロセッサーに入れる。

2
細かく粉砕する。包丁でみじん切りにしてもよい。

3
2をボウルにあけて、残りの材料を加える。

4
よく混ぜ合わせ、ビンに詰める。

＊常温で約1年保存できる。

小腹がすいたとき、
ささっとつくれる肉味噌をのせて

ジャージャン麺

●材料：2人分

うどん（生麺）…約150g

a
- ヤンニョム…小さじ1
- 豆鼓スパイスミックス（p48）…小さじ1
- 米味噌（麦味噌でもよい）…大さじ1
- 砂糖…小さじ2

豚ロース肉…150g

きゅうり…1本（細切り）

●つくり方

1．肉味噌をつくる

豚肉は包丁で細かくたたき、フライパンに入れてから火をつけ、中火で焼く（油はひかない）。豚肉にだいたい火が通ったら、aを加えて5分ほど炒める。

2．うどんをゆでる

たっぷりのお湯でうどんをゆで、ざるにあげて水気を切り、ごま油（分量外）をからめる。

3．盛りつける

器にうどんと肉味噌、きゅうりを盛り付ける。

たれの味付けに迷ったら
ヤンニョムをひとさじ

水餃子とたれ

●材料：約16個分

【たれ】

ヤンニョム…小さじ1

米酢…大さじ2

醤油…小さじ1

好みでごま油…少々

【水餃子】

餃子の皮…16枚

（具）

鶏ムネ肉…約100g

むきエビ…約6尾

生姜…小さじ2（みじん切り）

塩…小さじ1

酒（紹興酒でもよい）…大さじ1

ルッコラ…2枚（ざく切り）

＊たれの米酢を米あめに代えると
チヂミのたれになる。

●つくり方

1.たれをつくる

たれのすべての材料を混ぜ合わせる。

2.餃子をつくる

鶏肉、エビは包丁で細かくたたいておく。具のすべての材料をボウルに入れ、手でよく混ぜる。16等分して餃子の皮に包む。皮の真ん中に具をおいて皮のふちに水をつけて半月状にたたみ、両脇を手前でくっつける。

3.餃子をゆでる

鍋に湯をたっぷり沸かし、餃子を中火でゆでる。3分ほどして浮いてきたら、網ですくって器にうつす。水気は切らなくてよい。たれは餃子につけてもかけてもよい。

万能辛味だれ 2

豆豉スパイスミックス

豆豉は、大豆を発酵させて干した中国の調味料。このように刻んでスパイスと合わせておくと格段に使う頻度と気軽さが増します。いつもの野菜炒めや冷奴にかけるなど、調理の途中や仕上げに使うとよいでしょう。

<材料とつくり方>

①

②

材料(つくりやすい分量)

豆豉①…100g
コリアンダーシード…大さじ1
花椒*…大さじ1
フェンネルシード②…大さじ1

*花椒（かしょう）は山椒の仲間。実を使うスパイス。

1
豆豉は包丁で細かく刻んでおく。

2
その他のスパイスはすり鉢でつぶす。

3
すり加減は粗くても、細かくてもお好みで。

4
豆豉を加えて木べらなどでよく混ぜ合わせ、ビンに詰める。

＊常温で約1年保存できる。

ヤンニョムとの合わせ技で
手軽に本格中華がつくれます

麻婆豆腐丼

●材料：4人分
ご飯…4人分
豚ひき肉…150g
植物油…大さじ1
a 豆豉スパイスミックス…大さじ1
　ヤンニョム（p46）…大さじ1
　砂糖…大さじ1
　醤油…大さじ3
水…1カップ
木綿豆腐
　…1丁(350g・2cmの角切り)
長ねぎ…1本(斜め細切り)
にら…1/2束(5cm幅に切る)
かたくり粉・水…各大さじ1

●つくり方

1.豚肉に火を通す
中華鍋に油と豚肉を入れ中火で炒め、だいたい火が通ったらaを加える。

2.豆腐を煮込む
全体がなじんだら、水を加えて木べらで混ぜる。強火にして沸騰させ、豆腐を入れて5分煮る。ねぎとにらを上にのせて2分ほどさらに強火で煮る。混ぜなくてよい。

3.仕上げ
水溶きかたくり粉を用意し、ねぎとにらをざっくり混ぜてから加え、とろみをつけて火を止める。器にご飯を盛り、具をかける。

スパイスの香りたつ一品
うま味の出た汁はご飯にかけても

あさりの酒蒸し

●材料：4人分
アサリ（砂抜きしておく）
…400g
酒（紹興酒でもよい）
…大さじ2
豆豉スパイスミックス…大さじ1

●つくり方

1.アサリを蒸す
鍋にアサリと酒を入れ、蓋をして中火で5分ほど、アサリの口が開くまで蒸す。

2.仕上げ
アサリを器に盛り、豆豉スパイスミックスをふりかけて食べる。

あっさりとした乾物サラダに
豆豉の複雑な発酵味をプラス

ずいきときゅうりの和えもの

●材料：2人分
ずいき（乾燥）…20g
ポン酢…大さじ1
豆豉スパイスミックス…小さじ1
きゅうり…1/2本（斜め薄切り）
セロリ（茎）…5cm（薄切り）
ごま油…小さじ1
あればコリアンダー（葉）…少々

●つくり方

1.下準備
ずいきは、よくもみ洗いしてたっぷりの湯（分量外）で5分ほどゆで、水にさらしておく。5cm幅に切って水気をよく絞り、ポン酢と豆豉スパイスミックスで和えておく（この状態を常備菜にしておくと便利）。

2.和える
ボウルに**1**のずいき、きゅうり、セロリを入れてふんわり和える。器に盛り付け、ごま油をたらし、あればコリアンダーをトッピングする。

万能辛味だれ 3

ココナッツかつぶし

鰹節を使うので、親近感がある味になります。
市販のミックスふりかけのごまをココナッツに、
山椒をレモングラスに代えたイメージです。
ポン酢に少し、味噌にひとさじなど、
日本の調味料との相性も抜群です。

<材料とつくり方>

材料(つくりやすい分量)

干しエビ・戻し水…各大さじ2
植物油…大さじ1
玉ねぎ…1個(みじん切り)
にんにく…4片(みじん切り)
パームシュガー(または黒砂糖)…大さじ2
ココナッツファイン*①…大さじ5
塩…大さじ2
鰹節②(または鰯粉)…大さじ2(2g)
粉唐辛子…大さじ2
レモングラス(生)…10cm×10本(みじん切り)

*ココナッツの果肉を細かく削ったもの。

①

②

1 干しエビは水で10分ほど戻してみじん切りにする。戻し汁は捨てない。

2 フライパンに油、玉ねぎを入れて透き通るまで炒める。

3 レモングラス以外の材料を加え(干しエビと戻し汁も入れる)、中火で5分炒る。

4 パラパラしてきたら、レモングラスを加えて1分ほど火を通し、ビンに詰める。

＊常温で約半年保存できる。

ココナッツのダブル使いで
タイ風にゅう麺が完成

エスニックとうにゅう麺

●材料：2人分
素麺…2束
a
- ココナッツミルク…1カップ
- ナンプラー…大さじ2
- 豆乳…1カップ
- ココナッツかつぶし…大さじ1

もやし(ひげを取る)…ひとつかみ
青じそ…2枚(せん切り)
厚揚げ…1/4丁(食べやすく切る)
ミニトマト…2個(半分に切る)
コリアンダー(葉)…適量(刻む)

●つくり方

1.スープをつくる・麺をゆでる

鍋にaを入れてひと煮立ちさせる。素麺はゆでてザルにあげる。もやしは青じそと和えておく。

2.トッピング

器に1の素麺とスープを入れて、もやしと青じそ、厚揚げ、ミニトマト、コリアンダーをトッピングする。熱いうちによく混ぜて食べる。

ココナッツかつぶし入りの汁物は
スリランカのおふくろの味

トマトとレンズ豆のスープ

●材料：4人分
赤レンズ豆…1カップ
水…4カップ
トマト…1個(ざく切り)
塩…小さじ1
ココナッツかつぶし…適量

●つくり方

1.豆を煮る
赤レンズ豆は軽くすすぎ、分量の水と鍋に入れてやわらかくなるまで煮る。トマトと塩を加えて味を調え、さらに5分ほど煮る。

2.仕上げ
スープを器に盛り、ココナッツかつぶしをトッピングする。混ぜながら食べる。

ソースの味付けも手間いらずの
インドネシアのサラダ

ガドガド

●材料：4人分
【ピーナツソース】
ピーナツバター…大さじ2
パームシュガー*(または砂糖)
　…大さじ2
水…大さじ2
塩…小さじ1/2
ココナッツかつぶし…小さじ1

【具材】
厚揚げ…1/2丁(食べやすく切る)
もやし…1/2袋(ひげを取る)
キャベツ…1/4個(くし切り)
トマト…1個(くし切り)
ゆで卵…2個(半分に切る)
さやいんげん
　…6本(5cm幅に切る)
じゃがいも
　…1個(食べやすく切る)

*ヤシの樹液を煮詰めたもの。

●つくり方

1.下準備
厚揚げともやしは湯通ししておく。キャベツ、じゃがいもは、蒸すかゆでておく。

2.ピーナツソースをつくる
ソースのすべての材料をボウルに入れてよく混ぜる。

3.仕上げ
具材とソースを皿に盛る。
＊野菜類は何でもよい。きゅうり、蒸したズッキーニやかぼちゃなどもおすすめ。

万能辛味だれ 4

スクッグ

中東で使われる青唐辛子とコリアンダーのたれ。
香りが命なので、できたてがおいしいです。
料理に添えたり、下味に使って加熱したり、
たくさん使ってスパイシーに、ほんの少しを
引き締めにと、どんな料理にも試してください。
驚くほど奥深い味わいになります。

＜材料とつくり方＞

材料(つくりやすい分量)

a
- にんにく…5かけ(皮をむく)
- 青唐辛子①…200g (種ごと使う)
- コリアンダー②…50g (適宜切る。根ごと使う)
- コリアンダーパウダー…大さじ1

クミンパウダー…小さじ1
ガラムマサラ*…小さじ1
塩…大さじ1

①

②

*カルダモン、シナモン、クミンなどのスパイスミックス。

1
aをフードプロセッサーに入れる。

2
粉砕する。包丁でみじん切りにしてもよい。

3
ボウルにあけて、スパイス類と塩を合わせる。

4
よく混ぜ合わせ、ビンに詰める。

＊冷蔵庫で3カ月保存できる。しばらく使わない場合は風味を保つため、容器の表面に植物油を入れて薄い膜をつくり、使ったら油を継ぎ足しておくとよい。

たまには中東のレストランのように
サーブしましょう

羊のローストとマッシュポテト

●材料：2人分
【羊のロースト】
骨付きのラム…2本
スクッグ…大さじ1

【マッシュポテト】
じゃがいも…大1個
生クリーム…1/2カップ
塩…小さじ1/4

●つくり方

1.下準備
ラム肉はスクッグを塗り、1時間常温でおく。

2.マッシュポテトをつくる
じゃがいもは水から弱火でやわらかくなるまでゆで、熱いうちに皮をむいてつぶす。粗熱がとれたら、生クリームと塩で味を調える。

3.肉を焼く
フライパンを使う場合、油はひかず、点火前からフライパンに肉をのせ、蓋をして中火で両面を3分ほどずつ焼く。オーブンの場合、180℃に予熱して5分焼き、そのまま庫内に5分ほどおいて余熱で火を通す。

4.仕上げ
皿にマッシュポテトを盛り**3**の肉をのせる。さらにスクッグをつけて食べてもよい。

下味つける手間もナシ
南米風柑橘の魚介マリネ

セビーチェ

●材料：4人分

マグロ、白身魚、貝類など（いずれも刺身用）
…合わせて150g
スクッグ…小さじ2
ライム果汁…大さじ2
コリアンダー（葉）…適量

●つくり方

1.下準備

魚介類は、半量は食べやすくぶつ切りにして皿に盛っておく。

2.ペーストをつくる

残りの魚介類とスクッグ、ライム果汁をフードプロセッサーにかけてペースト状にする。**1**の皿にかけて、コリアンダーをトッピングする。

ピリ辛のトマトソースをつけて
おやつにつまみに

サルサ

●材料：4人分

a
スクッグ…大さじ1
トマト…2個（ざく切り）
紫玉ねぎ…1/2個（みじん切り）
ライム果汁…大さじ1

コーンチップ…好きなだけ

●つくり方

混ぜる

aのすべての材料を混ぜ合わせる。コーンチップにつけて食べる。

フレーバーソルトの風味が際だつ料理

フレーバーソルトをつくったら、
まずはいつもの料理に使ってみませんか。
例えばローストした肉や魚、野菜サラダ、
ジュースなどに添えるだけ。
シンプルな使い方ながら
スパイスとハーブそのものの風味が楽しめます。

炒めものにこしょう、蕎麦に七味、刺身にワサビといった
おなじみの薬味使いをお手本にして
好みの味を見つけてください。
知らない味に近づけるのではなく、
自分の方にぐっと引き寄せるのです。

3 種のジュースのつくり方

スイカのジュース
スイカの実の部分をザルで漉し、500㎖の果汁に対して小さじ1の砂糖を加える。好みで発泡水を加える。

モロヘイヤと梨のジュース
梨1/4個、モロヘイヤ1枝、リンゴジュース1/4カップをフードプロセッサーにかける。

生ライムジュース
ライム果汁1個分と蜂蜜大さじ１を混ぜ、水1カップを加える。

＊それぞれ、グラスの縁に好みの塩をつけたり、つまみながら飲む。中には入れない。写真のスイカのジュースはバジルの塩、生ライムジュースはミントの塩を使用。

金目鯛のかま焼き、ミニトマト（ロースト）、芝エビ（ロースト）
鶏肉と野菜の串焼き、紫じゃがいも（ロースト）、カキフライ
生ライムジュース
フレーバーソルト9種
モロヘイヤと梨のジュース
バジル
ラベンダー×タイム
シナモン×こしょう
生姜×ターメリック
赤唐辛子×赤ピーマン
ミント
バターナットスクワッシュ（ロースト）、ゆでブロッコリー、パプリカ（ロースト）
フェンネルシード×レモンの皮
コリアンダー×にんにく
サフラン

フレーバーソルト

フレッシュハーブ × 塩

フレッシュハーブならではの鮮烈な色と香り。
西洋のハーブの他、青じそやよもぎなど
身近な素材でもおいしくつくれます。
岩塩や海塩などさまざまな塩が出回っていますが、
どんな塩でもできます。

A ミント×塩

＜材料とつくり方＞
ミント…ひとつかみ
（ふんわり1/2カップくらい）
塩…大さじ3
ハーブをすり鉢である程度砕き、塩を加えて混ぜ合わせる。

B バジル×塩

＜材料とつくり方＞
バジル…ひとつかみ
（ふんわり1/2カップくらい）
塩…大さじ3
Aの塩（ミント）と同様。

C コリアンダー×にんにく×塩

＜材料とつくり方＞
コリアンダー…6本
にんにく…小1かけ（皮をむく）
塩…大さじ3
1cmほどに刻んだコリアンダーとにんにくをすり鉢で砕き、塩を加えて混ぜ合わせる。

肉団子は几帳面に丸めたらダメだよ！

肉団子のピタサンド

●材料：肉団子約6個分
ピタパン…1枚

【ミント風味の肉団子】
牛ひき肉（できれば赤身）
…100g
A（ミント）の塩…小さじ1/2
ガラムマサラ…小さじ1/2

【その他の具材】
トマト…1/2個（スライス）
レタス…1枚
薄くスライスした紫玉ねぎ
…2枚
きゅうり…1/4本（斜め薄切り）
ヨーグルト…大さじ1

●つくり方

1.肉団子をつくる
ひき肉にAの塩とガラムマサラを加えてよく混ぜる。6等分して丸め、熱したフライパンで蓋をして時々転がしながら中火で焼く。油はひかなくてよい。

2.ピタパンにはさむ
ピタパンは半分に切り、トースターで1分ほど温める。ポケット部分を慎重に広げ、それぞれその他の具材と1の肉団子を詰める。

甘いポタージュに
パンチの効いたフレーバーを!

南瓜ポタージュ シラントロソース添え

●材料:4人分
玉ねぎ…1/2個(薄切り)
植物油…小さじ1
かぼちゃ…1/4カット(皮を除いて2cm角)
水…1カップ
塩…小さじ1
牛乳…1カップ

【シラントロソース】
ヨーグルト…大さじ2
C(コリアンダー・にんにく)の塩…小さじ1

●つくり方

1.かぼちゃを煮る
鍋に油、玉ねぎを入れて蓋をして火をつける。火は初めから弱火。時々蓋を開けてかき混ぜてはまた蓋をして、10分ほど炒める。かぼちゃ、水、塩を加えてかぼちゃがやわらかくなるまで蓋をして煮る。

2.ピューレにする
1をミキサーにかけて滑らかなピューレ状にする。鍋に戻して牛乳を加えて5分ほど火にかける。

3.シラントロソースをつくる
ソースのすべての材料をすり鉢で合わせて滑らかにする。

4.仕上げ
スープを器によそいソースをかける。冷やしてもおいしい。

たっぷりの清涼感とうま味。
アジアの魂に響きます

タイ風焼きそば

●材料:2人分
米の麺(平たい麺がおすすめ)…80gくらい

【具】
植物油…大さじ1
にんにく…1かけ(粗いみじん切り)
干しエビ・戻し水…各大さじ1
鶏ムネ肉…1/2枚(細切り)
豆苗…1/2株(5cmに切る)
赤ピーマン…1/2個(細切り)
B(バジル)の塩…小さじ1
ナンプラー…小さじ2
生姜(せん切り)…大さじ1
レモン果汁…小さじ2

【トッピング】
バジルの葉…好きなだけ(たくさんが望ましい)

●つくり方

1.下準備
干しエビはぬるま湯で10分ほど戻して細かく刻む。鶏肉は酒(分量外)をふりかけておく。鍋にたっぷりのお湯を沸かして火を止め、麺を入れて5分くらいふやかしてザルにあげる(ゆでなくてよい)。

2.具を炒める
フライパンに油とにんにく、**1**の干しエビと戻し汁を入れて火をつける。にんにくと干しエビから少し泡が出てきたら鶏肉を加える。鶏肉の表面が全体的に白っぽくなってきたら、残りの材料をすべて同時に加えて強火でさっと火を通す。

3.仕上げ
1の麺をフライパンに加え、さっと混ぜて火からおろす。バジルをトッピングする。

フレーバーソルト

ドライハーブ × 塩

ドライのハーブやスパイスはちょっとつぶしたり
すり鉢でするだけでも香りが強く出ます。
長期保存しても風味が変わりません。
ほかに、中国茶やヘーゼルナッツなど、
香りに特徴のある素材と塩を合わせるのもおすすめです。

D サフラン×塩

<材料とつくり方>
サフラン…小さじ1/4～1/2
塩…大さじ1
材料を同時にすり鉢でする。

E シナモン×こしょう×塩

<材料とつくり方>
シナモン(粉末)…小さじ1
こしょう…小さじ1/4
塩…大さじ3
材料をボウルで混ぜ合わせる。

F ラベンダー×タイム×塩

<材料とつくり方>
ラベンダー…小さじ1/2
タイム(生・ドライどちらも可)
…小さじ2
塩…大さじ3
ハーブをすり鉢である程度砕き、
塩を加えて混ぜ合わせる。

具は少なめに。
サフランと海の香りのハーモニー

魚介のクリームパスタ

●材料：2人分
リガトーニ(ペンネでもよい)
…100g
ホタテ(生食用)
…2粒(1cmの角切り)

【クリームソース】
鯛の切り身…1切れ
酒…1/4カップ
にんにく…1かけ(みじん切り)
D(サフラン)の塩
…小さじ1/2
生クリーム…1/2カップ

●つくり方

1.ソースをつくる
蓋のついたフライパンまたは鍋に酒、にんにく、Dの塩を入れ、鯛を皮目を下にして置き、火をつけて沸いてきたら弱火にして蓋をし、10分ほど蒸し焼きする。鯛に火が通ったら鍋の中で皮と骨をはずして取り除き、食べやすいようにフォークなどでほぐす。生クリームを加えてひと煮立ちさせて火を止める。

2.パスタをゆでる
鍋にたっぷりの湯を沸かして塩(分量外)を加え、リガトーニをゆでる。

3.仕上げ
1にホタテと**2**のリガトーニを加えてよく和える(パスタの余熱でホタテに火が通るので、ホタテは加熱しない)。熱いうちに器に盛る。

中東エチオピア風のおつまみ。
塩はたっぷりめに

レバーとプルーンの冷製

●材料：2人分
鶏レバー…50g
酒（ワインでもよい）
…大さじ2
干しプルーン…4粒
赤ワイン…大さじ2

【ふりかけ】
ゆかり…ひとつまみ
白ごま…ひとつまみ
F（ラベンダー・タイム）の塩
…小さじ1/4

●つくり方

1.下準備

レバーは一口大に切り、水で洗っておく。蓋つきの鍋に酒とレバーを入れて火にかけて弱火で5分ほど蒸す。プルーンは赤ワインに浸してやわらかくしておく。

2.味を調える

器に、**1**のプルーンとレバーを盛り、ふりかけの材料をそれぞれ散らす。

卵がシナモンに
ピリッと活を入れられています

たまごサンドイッチ

●材料：4人分
ライ麦食パン（ふかふかのものがよい）…8枚
卵…4個
玉ねぎ…1/2個（みじん切り）
E（シナモン・こしょう）の塩
…小さじ1
マヨネーズ…大さじ2

●つくり方

1.下準備

ゆで卵をつくってみじん切りにしておく。玉ねぎは5分ほど水にさらして、水気をよく切っておく。卵、玉ねぎ、マヨネーズとEの塩をボウルに入れてよく混ぜる。

2.サンドする

ライ麦パンに**1**の具をみっちり敷き詰め、サンドする。パンには何も塗らなくてよい。サンドイッチを好きなように切って食べる。

赤ピーマン独特の香りを生かした
ソースがキモ

生春巻きとスイートチリソース

●材料：4人分

【生春巻き】

ライスペーパー…4枚
鶏ムネ肉…1/2枚
a ┌ きゅうり（細切り）…1本
　│ にんじん（細切り）…1/2本
　└ ミント（生）…12枚

【スイートチリソース】

にんにく…1/2片（すりおろす）
紫玉ねぎのみじん切り
　…大さじ1
砂糖…大さじ2
レモン汁…大さじ1/2
G（赤唐辛子・赤ピーマン）の
　塩…小さじ1
ナンプラー…小さじ1

●つくり方

1.下準備

鶏肉は蓋つきの鍋で、大さじ1の酒（分量外）を加えて酒蒸しし、食べやすい大きさに割いておく。スイートチリソースのすべての材料をボウルに入れてよく混ぜる。

2.巻く・仕上げ

ライスペーパーを1枚ずつ水でぬらしてまな板の上に置き、それぞれに**1**の鶏肉とaをのせてしっかり巻く。春巻きと、あればお好みでコリアンダーの葉を皿に盛り、ソースを添える。

フレーバーソルト

野菜 × スパイス × 塩

複数の香りが効いているので、
ゆでるだけ、炒めるだけなどの簡単な調理方法でも
凝った料理に感じることができます。
ほかに、七味唐辛子とクミンシードを塩と合わせて添えると
スルメや唐揚げも一気にグレードアップです。

G 赤唐辛子×赤ピーマン×塩

＜材料とつくり方＞

赤唐辛子…小さじ1/4
赤ピーマン…大さじ1
塩…大さじ3
赤唐辛子と刻んだ赤ピーマンをすり鉢である程度砕き、塩を加えて混ぜ合わせる。

H 生姜×ターメリック×塩

＜材料とつくり方＞

生姜…大さじ1
ターメリック…小さじ2
塩…大さじ3
生姜をすりおろし、すべての材料とともにボウルで混ぜ合わせる。

I フェンネルシード×レモンの皮×塩

＜材料とつくり方＞

フェンネルシード…小さじ1
すりおろしたレモンの皮…小さじ1
塩…大さじ3
フェンネルシードをすり鉢である程度砕き、すりおろしたレモンの皮と塩を加えて混ぜ合わせる。

郵便はがき

おそれいります
が切手をはって
お出し下さい

1070052

（受取人）
東京都港区
赤坂７丁目６―１

農文協
読者カード係　行

◎このカードは当会の今後の刊行計画及び、新刊等の案内に役だたせていただきたいと思います。　はじめての方は○印を（　　）

ご住所	（〒　　－　　） TEL： FAX：
お名前	男・女　　歳
E-mail：	
ご職業	公務員・会社員・自営業・自由業・主婦・農漁業・教職員（大学・短大・高校・中学・小学・他）研究生・学生・団体職員・その他（　　）
お勤め先・学校名	日頃ご覧の新聞・雑誌名

※この葉書にお書きいただいた個人情報は、新刊案内や見本誌送付、ご注文品の配送、確認等の連絡のために使用し、その目的以外での利用はいたしません。

● ご感想をインターネット等で紹介させていただく場合がございます。ご了承下さい。

● 送料無料・農文協以外の書籍も注文できる会員制通販書店「田舎の本屋さん」入会募集中！
案内進呈します。　希望□

■毎月抽選で10名様に見本誌を１冊進呈■（ご希望の雑誌名ひとつに○を）

①現代農業　②季刊 地 域　③うかたま

お客様コード

お買上げの本

■ご購入いただいた書店（　　　　　　　　書店）

●本書についてご感想など

●今後の出版物についてのご希望など

この本をお求めの動機	広告を見て（紙・誌名）	書店で見て	書評を見て（紙・誌名）	インターネットを見て	知人・先生のすすめで	図書館で見て

◇新規注文書◇

郵送ご希望の場合、送料をご負担いただきます。

購入希望の図書がありましたら、下記へご記入下さい。お支払いはCVS・郵便振替でお願いします。

（書名）	（定価）￥	（部数）　　部
（書名）	（定価）￥	（部数）　　部

460

冷めてもウマい！から
大勢のおもてなしにも

鱈とじゃがいものグラタン

●材料：4人分

タラ…2切れ
（5mmのそぎ切り）
I（フェンネル・レモン）の塩
…小さじ2
じゃがいも…大4個
（皮付きのまま薄切り）
生クリーム…1カップ

●つくり方

1.下準備

タラにIの塩をまぶす。

2.具を並べる

耐熱容器にじゃがいもと**1**のタラを交互に敷き詰める。上から生クリームを注ぐ。

3.オーブンで焼く

170℃のオーブンで20分ほど焼く。

生姜がカレーの香りを
ぐっと引き立てます

エビとさやいんげんのカレー麺

●材料：2人分

うどん麺（平打ちがおすすめ）
…2人分（半生麺で150g）
植物油…小さじ2
にんにく…1片（みじん切り）
玉ねぎ…1個（薄切り）
a
エビ…6尾
レモングラス（できれば生。ドライでもよい）
…4本（3cmに切る）
ココナッツミルク…1カップ
カレー粉…大さじ2
H（生姜・ターメリック）の塩…小さじ1
さやいんげん
…4本（斜め切り）

●つくり方

1.下準備

エビは殻をとって背に切り目を入れてワタをとっておく。

2.麺をゆでる

鍋にたっぷりの湯を沸かして、麺をゆでる。ゆで時間の残り10秒くらいでさやいんげんを加えてさっと火を通し、ザルにあげる。さやいんげんは別によけておく。

3.具を炒める

フライパンに油、にんにく、玉ねぎを入れて火をつけ、パチパチと音がする程度の中火で1分ほど炒める。aをすべて加えて5分煮る。

4.仕上げ

フライパンに**2**の麺を加えてソースが絡まったら火を止める。皿に盛り付け、さやいんげんを散らす。

おやつにもスパイスとハーブ

スパイスを入れるとスイーツがきりっと引き締まります。
手間をかけなくてもすぐにユニークな味付けになるのです。
ほかに、赤唐辛子と赤ピーマンを合わせてチョコレートに混ぜ込んだり、
シナモンとこしょうをミルクティーにふりかけるのもおすすめ。

〆はインドの高貴なスパイシーアイスで

バニラアイスのクルフィ仕立て

●材料：1個分

市販のバニラアイス…120mℓ
台座（直径5cmほどにくりぬいた食パンなど）…1枚
a
- 刻んだフェンネルシード…小さじ1/4
- みじん切りにしたレモンの皮…小さじ1/4
- カルダモンのさや…1片（すりつぶす）
- ピスタチオ…3粒（殻をむいて刻む）

●つくり方

1.アイスの形をつくる

アイスを絞り袋やビニール袋などに入れ、三角錐などに形を整えて再び冷凍する。

2.スパイスを散らす

1のアイスの袋をハサミで割いて中身を取り出し、皿の中央に台座を置き、アイスをのせる。周りにaを散らす。

じつは、小豆とラベンダーは仲良しなのです

ラベンダー汁粉

●材料：2人分

湯…1カップ
ラベンダー…小さじ1
さらし餡…大さじ4
砂糖…大さじ2
塩…ひとつまみ
蜂蜜…小さじ2
白玉粉…50g
水…大さじ3

●つくり方

1.汁粉をつくる

鍋に分量の湯を沸かし、火を止めてラベンダーを入れる。香りが出たらラベンダーは取り除き、さらし餡と砂糖、塩を加え、ひと煮立ちさせる。火を止めて蜂蜜を加え、味を調える。

2.白玉団子をつくる

ボウルに白玉粉と水を加えてこね、たっぷりのお湯（分量外）で浮いてくるまでゆでる。ゆであがったら冷水にとっておく。

3.仕上げ

1の汁粉を器に注ぎ、**2**の白玉団子を浮かべる。温かくても、冷たくしてもおいしい。

ここからのページは本誌「うかたま」から抜粋・再構成しました。

林弘子さんに教わる

きちんとつくる基本の味

身近な素材と旬の食材でつくる、ソースに味噌に保存食。
手づくりならではの、自分のおいしさを生み出すことは
日常のささやかな喜びや幸せにつながります。

料理・文＝林 弘子　写真＝西山輝彦、小倉かよ（p66右上）

ウスターソースを使ったお料理（p65）

「ウスターソース」

季節の果物と野菜、ドライフルーツなどをスパイスとともにじっくり煮込んでつくります。冷蔵庫に眠っている食材、例えば果物のジャムや海産物の塩辛、野菜のピクルスなどを入れてもOK。調味料もナンプラーなど好みのものを入れると、市販品とは一味も二味も違う我が家の味になり、風味も増します。トンカツやコロッケに添えるだけでなく、カレーパウダーと合わせてカレー料理に転用したり、トマトソースやチリソースと合わせて洋風やエスニック料理にしたり、いかようにも活用できる万能調味料です。

材料：できあがり量　約1ℓ

りんご…1個
みかん…2個（またはオレンジ1個）
ドライフルーツ（プルーン、ナツメヤシの実など）…200g
玉ねぎ…1個
にんじん…1/2～1本
トマト…1個（または水煮缶のトマト1～2個）
セロリ…20cm
水…1ℓ
酢…1と1/4カップ（250mℓ）
赤ワイン…1/2カップ（100mℓ）
塩…大さじ3
みりん…大さじ1と1/3（25mℓ）
醤油…大さじ1

【スパイスパック】
玉ねぎの黒焼き…1個分（玉ねぎの薄切りを250～300℃のオーブンで黒焦げに焼く）
シナモンスティック…1本
唐辛子…2本
ローリエ…2枚
クローブホール…10粒
黒こしょう…大さじ2
タイム・セージ・クミン・オレガノ・おろし生姜・つぶしたにんにく…各小さじ1
フェンネル…少々
（以上を布製のハーブバッグか紙製のお茶パックに詰める。表記のものに限らず、好みの材料を入れてよい）

1

鍋に2cm角に切った野菜と皮をむいた果物、ドライフルーツ、スパイスパック、水、酢、赤ワイン、塩半量を入れ、2時間ほど煮る。

2

材料がやわらかくなったら、スパイスパックを取り除き、ザルで固形物と汁を分ける。

3

固形物は冷めてからフードプロセッサーで粉砕し、2の汁と混ぜ合わせて目の細かいザルで裏ごしし、ピュレ状にする。

4

2時間ほど弱火で煮詰めながら、残りの塩、みりん、醤油で味を調える。とろみをつけたい場合は、仕上がり間際に生じゃがいものすりおろしを1～2個分加えて煮詰める。

＊ボルシチやカレーなど、粉類で濃度をつけると食味が下がってしまう料理にはじゃがいもをすりおろして加えるとよい。ただし入れすぎに注意して控えめに。

5

半量くらいになるまで煮詰める。甘口にする場合は、好みの量の蜂蜜を最後に加える。あら熱が取れたら空きビンなどの容器に詰めて常温保存する。

＊つくりたてよりも、1カ月ほど寝かせて熟成させたもののほうが、味や風味が落ち着いておいしい。

脱気（ビン詰め）の方法

ソースは加熱して脱気すると、常温でも発酵せず長期保存できる。ビンは酸に強いスクリューキャップのものを用意。8～9分目ほど中身を詰めて蓋を閉めたものを（膨張するので満杯にしない）蒸気のあがった蒸し器に入れて強火で蒸す。350mℓ数本なら30～40分ほど。途中で蓋がゆるむ場合は固く閉め直す。火傷しないように注意。p96も参照。

＊この記事は本誌「うかたま」1～19号の連載記事から抜粋・再構成したものです。

✣ ウスターソースとジンギスカンのたれを使って ✣

野菜のカレー風味

ナスやパプリカなどの野菜を素揚げし、
カレー粉とウスターソースで和える。

鶏肉の竜田揚げ

鶏肉をジンギスカンのたれ（下記参照）で
下味をつけ、かたくり粉をまぶして揚げる。

フライドチキン

ウスターソースを好みのトマトソース（p66）
と合わせ、フライドチキン（p71）にかける。

「ジンギスカンのたれ」

ウスターソースより簡単に、スピーディーにできるフルーツソースです。
羊肉だけでなく、魚や鶏肉の竜田揚げの味付けなど、使い回しがききます。

材料：できあがり量　1カップ

りんごの絞り汁・みかんの絞り汁・
　醤油・酒…各1/2カップ
みりん・酢・おろしにんにく・
　おろし生姜・あたり白ごま…各大さじ1

つくり方

すべての材料を鍋に入れ、一煮立ちさせる。あら熱が取れたら空きビンなどの容器に詰めて冷蔵保存する。脱気すれば常温保存可。

「トマトソース」

生のサラダだけではもったいない。日持ちしない完熟トマトも、ひと手間かければ保存食になります。焼きトマトからつくるシンプルなビン詰めを1本準備しておくだけで、さまざまなアレンジソースができるのです。

　輸入物のトマト水煮缶がいつでもリーズナブルな価格で買える便利なご時世ですが、加工用の品種ではない国産トマトも、じつは負けず劣らず調味料づくりに向いています。ほのかに甘酸っぱく、あっさりしていてくどさがないので、むしろトマト料理の幅を広げてくれるでしょう。

基本のトマトソース（水煮トマトのビン詰め）

1　250℃のオーブンでトマトを数分焼く。グリルや焼き網を使ってもよい。このままでもおいしい付け合わせソースになる。

2　薄皮にしわが寄ってきたらむき、2つに切ってヘタを取り除いて、焼きトマトをつくる。

3　2を鍋に入れ、中火にかけてグツグツと半量くらいになるまで煮詰める（水煮といっても水は加えない）。

4　あら熱がとれるまで放置して冷まし、空きビンの8～9分目ほどまで詰めて蓋をし、蒸し器で蒸す（脱気）。ビン詰めの方法はp64を参照。

4種類のアレンジトマトソース

トマトケチャップ

材料

水煮トマト…2と1/2カップ
蜂蜜（砂糖やジャムでもよい）・赤ワインビネガー（酢）…各大さじ1
塩…小さじ1
白こしょう・ミックスハーブ（好みのスパイス）…各小さじ1/2

つくり方

すべての材料を鍋に入れ、コトコト7～8分ほど煮る。なめらかなペーストにしたい場合はフードプロセッサーにかける。

＊長期保存したい場合は脱気するか、ジッパー付きのポリ袋に詰めて冷凍する。他のソースも保存法は同様。

ピリ辛トマトソース

材料

水煮トマト…2と1/2カップ
赤ワイン…1/2カップ
みりん…大さじ1
アンチョビ…5枚（みじん切り）
にんにく…3かけ（みじん切り）
種抜きオリーブ…150g
赤唐辛子…1～2本（みじん切り）
塩・イタリアンハーブミックス（好みのスパイス）…各小さじ1
ローリエ…1枚

つくり方

すべての材料を鍋に入れ、中火で7～15分ほど、好みの濃度に煮詰める。

＊ピザソースにする場合はオレガノを入れる。脱気せずに冷蔵庫で保存する場合はソースを詰めたビンの口までオリーブオイルを満たしておくとよい。ソース自体はスパイスがきいているので保存性が高い。

トマト・オニオンソース

材料

水煮トマト…2と1/2カップ
玉ねぎ…1個（300g・みじん切り）
塩・こしょう…各小さじ1
白ワイン（または酒）…1/4カップ
オリーブオイル…大さじ1

つくり方

鍋にオリーブオイルを熱し、玉ねぎがしんなり透き通るまで中火で炒め、他の材料を加えて10分ほど煮る。

ミートソース

材料

水煮トマト…2と1/2カップ
にんにく…2かけ（みじん切り）
玉ねぎ…1個（300g・みじん切り）
牛ひき肉…300g
オリーブオイル…大さじ2
野菜ブイヨン・赤ワイン…各1カップ
塩…小さじ2
ミックスハーブ…小さじ1/2
ローリエ…1枚

つくり方

鍋にオリーブオイルを入れて中火で熱し、にんにくを加えて香りを立てた後、玉ねぎを加えてきつね色になるまで炒め、ひき肉を加えてさらに炒める。火が通ったら、ほかの材料を加え、1時間ほど弱火で煮詰める。

トマトソースと焼きトマトを使って

a トマトの冷たいパスタ

パスタは規定の時間より1～2分長めにゆでてすぐに水で洗い、水切りしたらタプナード（下述）を絡め、好みのトマトソースで和える。

b 野菜のパンケーキ

薄力粉100g、水3/4カップ、卵1個をボウルに入れ、薄切りにしたズッキーニやなすなどの野菜を加え、こね混ぜる。フライパンで両面をきつね色に焼き、好みのトマトソースやウスターソース（p64）、マヨネーズをトッピング。

c 焼きトマトとパクチーのサラダ

ざく切りにした焼きトマトとパクチーに薄切りした玉ねぎを加えて混ぜ、冷蔵庫で冷やす。カレーなどのつけあわせに。

d フライドポテトのグラタン

フライドポテト（残り物や冷めてしまったものでよい）にミートソースとチーズをのせてオーブンで焼く。

「タプナード」（右）「バジルペースト」（左）

トマト系の味やソースと
相性のよいソースです。
複数のソースと組み合わせることで
より深みのあるソースへと進展します。

タプナード：種抜き黒オリーブ100g、アンチョビ50g（漬け汁を含む）、にんにく2～3かけ、オリーブオイル大さじ4～5、パセリやバジルのみじん切り大さじ4～5、好みのスパイス（タバスコや唐辛子を適量）をフードプロセッサーに入れペースト状にする。冷蔵保存。
バジルペースト：バジル50g、オリーブオイル大さじ3、にんにく2かけ、塩小さじ1/2をフードプロセッサーに入れペースト状にする。冷蔵保存。

「ブールマニエ」

バターと小麦粉を炒り合わせてつくる、合わせバターです。これさえあれば、ホワイトソースをつくるときも、焦げたりダマになったりすることなく、なめらかに仕上がります。

つくりおきのきく自家製調味料がいくつかあると、お抱えシェフでもいるかのように、日々の料理がじつに段取りよく進みます。ブールマニエも常備調味料のひとつ。塊で保存できるので、必要な分だけナイフで削り取り、鍋の中に入れるだけ。カレーやビーフシチュー、赤ワイン煮込みで少しとろみをつけたい時にも重宝します。

1 鍋にバター225g(1/2ポンド)を入れ、弱火にかけて煮溶かす。

2 薄力粉225g(バターと同量)を加え、木べらで炒りつける。

3 全体に火が通って泡立ってきたら火を止める。

4 あら熱が取れたら、惣菜などのトレイや製氷器など手持ちの型に流し入れ、冷やし固める(450g分完成)。冷凍する場合はポリ袋に入れて。

*いつも決まった手持ちの型でつくりおきし、「ブールマニエ1かけ○g」と覚えておくと便利。

ホワイトソース

材料

ブールマニエ…100g
牛乳…2と1/2カップ(500mℓ)
塩…小さじ1

1 鍋に牛乳を入れて火にかけ、温まってきたら、ブールマニエと塩を入れる。

2 弱火にかけながら、焦げつかせないように気をつけてかき混ぜる。

3 クリーム状に固まってきたら火から下ろし、ぬれ布巾にのせておく。

*クリームシチューやチャウダーなどのスープ類に使う場合は、2倍ほどの水分量(牛乳+ブイヨン)にするとよい。

ラザーニャポテト

✣ ブールマニエを使って ✣

材料：4人分

蒸したじゃがいも…500g（7～8個）
ミートソース（p66）…200g

A
- ブールマニエ…50g
- 牛乳…1と1/4カップ（250mℓ）
- 塩…小さじ1/2
- ナチュラルチーズ…100g

1 キャセロールなどの耐熱容器の内側に油（分量外）をぬり、蒸して1/4に切ったじゃがいもを並べる。

2 上からミートソースをかける。ミートソースのつくり方はp66を参照。

3 Aでホワイトソースをつくり、上からかけ、チーズをトッピングする。230℃のオーブンで20分ほど焼く。

＊蒸したじゃがいもの代わりにパスタでもOK。一口大に切って塩ゆでした根菜や青菜、蒸した白菜やかぶ、筍や豆の水煮など、季節の野菜も合う。油で炒めたなすを使うとギリシャ料理のムサカになる。

「青じそ・赤唐辛子・白ごまのソース」

胃腸をいたわる爽やかな青じそ、食欲を呼び戻すピリ辛の唐辛子、栄養価の高いごまを使った、冷製ソースです。料理に合わせてアレンジしてください。とくに青じそには解熱作用や鎮痛効果、魚肉中毒の抑制や解毒作用があり、この日本のハーブを食卓で大いに活用したいものです。

ちなみに調味料を初めて手づくりする際のコツは、まずすべての素材を同量ずつ混ぜ合わせること。何が多すぎて何が不足なのかすぐに判断がつきます。またこの組み合わせは、おいしさをもたらす黄金率でもあるのです。

白ごまソース
(90mℓ)

調味醤油(※)大さじ2、白ごまペースト・酢を大さじ2ずつ混ぜ合わせる。

→サラダや冷やし中華などに。

アレンジ

白ごまドレッシング
(120mℓ)

白ごまソース大さじ5、スイートチリソース小さじ1、白ごま(粒)・ごま油を各大さじ1、刻み生姜適量を混ぜ合わせる。

→バンバンジーやエスニック料理などに。

スイートチリソース
(120mℓ)

にんにく1玉を皮ごと15分ほどゆでる。皮をむき、目の細かいザルで裏ごしし、赤唐辛子粉大さじ1～2、酢50mℓ、塩小さじ1と1/2、砂糖(または蜂蜜)大さじ2を混ぜ合わせる。

→肉・魚料理の隠し味などに。

アレンジ

チリソース
(120mℓ)

スイートチリソース・ケチャップ・調味醤油(※)を各大さじ2、ごま油小さじ2、オイスターソース小さじ1を混ぜ合わせる

→鶏のから揚げやエビチリに。

※調味醤油=醤油・みりん・だし汁を同量ずつ合わせ、熱してアルコールを飛ばしたもの

青じそオイルソース
(130mℓ)

ざく切りした青じそ50g(約50枚)、植物油100mℓをフードプロセッサーで粉砕する。

→アンチョビと合わせてパスタなどに。

アレンジ

青じそ醤油ドレッシング
(右・120mℓ)梅じそごまドレッシング(左・240mℓ)

(右)青じそオイルソース・酢各50mℓ、醤油小さじ2、砂糖小さじ1、塩小さじ1/2、マスタード・こしょう各適量を混ぜる。

(左)青じそオイルソース大さじ2、調味醤油(※)・白ごまペースト・酢を各大さじ4、砂糖・梅干しの裏ごしを各大さじ1混ぜる。

→サラダや魚介のマリネ液に。

青じそ醤油ソース
(130mℓ)

ざく切りした青じそ50g(約50枚)、白醤油(濃口醤油でも可)100mℓをフードプロセッサーで粉砕する(みじん切りにしたしそを醤油と混ぜ合わせても可)。

→薬味や一夜漬けなどに。

アレンジ

ノンオイル青じそドレッシング
(200mℓ)

青じそ醤油ソース50mℓ、レモンなど柑橘類の絞り汁(酢でも可)50mℓ、調味醤油(※)100mℓを混ぜ合わせる。

→しゃぶしゃぶのたれや、焼きナスの浸し汁などに。

＊ソースはすべて、ビンに入れて冷蔵庫で保存可(約1カ月)。

青じそ・赤唐辛子・白ごまのソースを使って

c フライドチキン×チリソース

鶏もも肉1枚を一口大に切り、軽く塩こしょうして酒大さじ1をふりかけ30分ほどおく。かたくり粉をまぶし、中温でカラッと揚げる。チリソースを好みの量まぶし、砕いたローストピーナッツをかける。

b ファラフェル×白ごまドレッシング

1日に数回水を取り替えながら2～3日浸水させたひよこ豆400gを、フードプロセッサーで細かく粉砕する。粉砕した豆に塩・クミン（粉）を少々、すりおろしにんにく小さじ1を混ぜ、直径2cmに丸め、きつね色になるまで中温でじっくり揚げる。食べる直前に白ごまドレッシングをかける。

＊丸めにくい場合は小麦粉大さじ1を足す。

a 野菜サラダ×ノンオイル青じそドレッシング

トマト、みょうがなどの野菜に、薄切りにしたハード系のナチュラルチーズを加えて混ぜ、食べる直前にドレッシングをかける。

「鉄火味噌」

根菜と豆味噌をじっくりと炒り続けてつくる鉄火味噌は、素材のうま味と滋養が凝縮した養生食。極陽性の食べものなので、体調が悪いときにいただくと、腹の底から元気な力がわいてきます。ご飯のおともだけではなく、味わい深い調味料としても大いに役立ちます。醤油などの汁気を抑えたい弁当のおかずづくりにも便利ですね。

　豆味噌を使う理由は、他の麹味噌と比べると、長く加熱してもしょっぱくなり過ぎず、コクが出るからです。途中何度か火を止めても大丈夫。気長に弱火で炒るのがポイントです。

材料

豆味噌(p80)…300g
ごぼう・にんじん・れんこん
…各100g
ごま油…大さじ5
生姜…1かけ(50g)
ごま…1/4カップ
（白、黒は好みで）
鰹節…ひと握り(好みで)

1
野菜、生姜をよく洗い、それぞれ皮のついたまま、ごま粒くらいのみじん切りにする。フードプロセッサーを使うと便利。刻むとアクが出て黒くなるが、アク抜きはしない。
中華鍋（フライパンでもよい）に、ごま油の半量を温めて、ごぼう、にんじん、れんこんを弱めの中火で炒める。

2　全体がしんなりしてきたら、残りのごま油のさらに半量を加え、全体を混ぜ、豆味噌を加えて炒める。味噌に火が通ると、全体がミートソースのようにドロリとしてくる。

3　極弱火にして気長に炒める。1時間近く炒め続けると、全体が大きめの塊になってゴロゴロしてくる。

4　2時間近くたつと、塊は親指の頭ほどのサイズになる。ごまと1の生姜を加え、さらに炒める。このあたりから鍋底にこびりつきやすくなるので、残りのごま油を加える。

5　3時間近くたつと塊はさらに小さくなり、赤ちゃんの指先ほどになって、ポロポロとしてくる。この段階で、好みで鰹節を加える。

6　4時間近くたってサラサラの顆粒状になったら、できあがり。冷めたら、湿気ないように密閉ビンに入れ、冷蔵庫で保存する。

＊味噌は、八丁味噌などの豆味噌を使う。速醸品（加温処理で熟成期間を短くしたもの）ではないものを選びたい。
＊途中で鉄火味噌が鍋底に焦げ付きそうになったら、火を止めて、しばらくそのまま鍋を放置しておくと、材料が蒸れてこびりつきが自然に溶ける。

鉄火味噌を使って

a 揚げだし豆腐

豆腐は布巾に包んで軽く水切りし（切りすぎないようにする）、小麦粉またはかたくり粉をつけ、170℃で揚げる。鉄火味噌を振りかける。

b 野菜の素揚げ

なす、ししとうを160℃で素揚げする。鉄火味噌を振りかける。

＊鉄火味噌は熱々のご飯にぴったり。そのほか、青菜のお浸しを鉄火味噌とごま油少々で和えたり、キャベツと豚肉の炒めものなどに鉄火味噌を振りかけたりしてもおいしい。

c みょうがの甘酢漬け

甘酢（酢大さじ2、砂糖大さじ1、塩小さじ1）と同量の梅酢を合わせ、塩ゆでしたみょうがを1日以上漬ける。甘酢を多くして甘口にしておくと、ピクルスのようにいただける。

このみょうがの甘酢漬けを夏野菜の一夜漬けに混ぜて漬けると、しば漬けのようなきれいな桜色の漬物になる。その他、ワカメときゅうりの酢のものや、シラスと大根のサラダなどに混ぜるのも味が合い、彩りもよくなるのでおすすめ。

「生姜のシロップ漬け」

生姜を蜂蜜とレモンのシロップに漬けておくと、甘酢漬けや紅生姜などの保存食にはもちろん、飲み物やコンフィチュールなどの甘いおやつにも手軽に転用できます。「根生姜」でも「新生姜」でもつくれます。

生姜には血行を良くし、新陳代謝を高め、食欲を促進させる働きがあります。風邪の喉にも優しく、咳を鎮め、去痰《きょたん》の助けをします。魚介類や漬物、発酵保存食品などの腐敗を抑制し、食中毒の防止にも一役買っています。こんな働き者の生姜ですから、やはり年中活用したいものです。

材料

生姜…100g
レモン汁…60～75mℓ（レモン2個分。ユズやダイダイの絞り汁でも可）
蜂蜜…150g

1 皮をむいた生姜を薄切りにして水に放ち、アクを抜いてザルにあける。

2 鍋に生姜を入れ、ひたひたの水を注ぎ、火にかけて、数分沸騰させる。

3 2をザルにあけ、生姜の水気をよく切る。ボウルに移し、レモン汁と蜂蜜を加え混ぜ、蓋付きの空きビンに入れて3～4日おく。

＊常温での保存は、涼しい季節は2週間、暑い季節は3～4日間ほど。それ以降は冷蔵庫に入れる。常温に長くおくと、生姜に酵母系（無害）の白いカビがぽつぽつ生えたり、シロップがアルコール発酵する場合がある。最初から冷蔵庫に入れて保存しても構わない。甘酢漬け、醤油漬け、紅生姜の保存法も同じ。

シロップ漬けでつくる保存食

コンフィチュール

りんご1個（1cm角切り）とシロップ漬け100gをフードプロセッサーにかけ、A〔クローブ5本、シナモンスティック1本〕、生姜シロップ1カップ、蜂蜜・レモン汁各大さじ3、赤ワイン大さじ2を加え中火で煮詰め、Aを取り除いて空きビンに入れて冷蔵庫で保存。

生姜の醤油漬け

シロップ漬けを空きビンに入れ、ひたひたの醤油（適量）に漬け、1日おく。

紅生姜

シロップ漬けを空きビンに入れ、ひたひたの赤梅酢（適量）に漬け、1日おく。

生姜の甘酢漬け

シロップ漬け100g、酢大さじ1、塩小さじ1/2を空きビンに入れ、1日おく。

d 塩味のケーキ＆紅生姜のサクサク揚げ
e いなりずし＆紅生姜と生姜の甘酢漬け
f アボカドとマグロのサラダ＆生姜の醤油漬け
※以上は組み合わせ例です

「味噌ごぼう」

生生姜を使ったイチオシの料理。
刺激的な辛さが決め手です。

つくり方

ごぼう200gはささがきに、生姜50gはせん切りに、突きこんにゃく1丁分はゆでこぼし、フライパンにごま油大さじ2を熱して塩小さじ1/2とともに数分炒める。酒・みりん各大さじ2、豆味噌（p80）50gを加えて数分炒り、鍋肌に味噌が香ばしい匂いで焦げ付き始めたら火を止める。仕上げに赤唐辛子の輪切りを適量、ごま油少々を混ぜ込む。

生姜のシロップ漬けを使って

c ジンジャーゼリー＆コンフィチュール

（ジンジャーゼリー：直径15cm丸いケーキ型1個分）ゼラチン5gを水大さじ2で湿らせてふやかし、熱湯1カップで溶かす。生姜シロップ1/2カップと混ぜて粗熱をとる。容器にバナナ2本（輪切り）を並べ、ゼリー液を入れて冷やし固める。コンフィチュールをのせる。

a 紅生姜のサクサク揚げ

水気を切った紅生姜100gに片栗粉50gをまぶし、油で揚げる。

b ジンジャーエール

生姜シロップ*3：水7で混ぜる。
*シロップ漬けから生姜を引き抜いたもの

「酢のアレンジ調味料」

食欲が減退する暑い時季や、肉体疲労時にカラダを元気にしてくれる酢。穀物酢や果実酢など様々な種類がありますが、いずれも糖分がアルコール発酵した酒が元。その酢酸菌などによってさらに発酵したものです。味わいの深さやうま味が詰まっています。

もっと酢を気軽に料理に取り入れるために、酢のアレンジ調味料を常備しておきましょう。ハーブを漬けたり、柑橘汁を混ぜ合わせたりして、香りのよさとうま味の両方を兼ね備えた酢や、合わせ調味料をつくりおきして、ぜひ日常的に使いこなしてください。

マヨネーズソース

材料

酢・植物油（ピュアオリーブオイルやグレープシードオイルなどクセのないもの）各1カップ、卵黄（生食可能な新鮮なもの）2個、マスタード・蜂蜜各小さじ2、塩小さじ2弱、好みの香辛料（こしょうやタバスコなど）少々

つくり方

ボウルに卵黄、塩、マスタード、蜂蜜を入れて混ぜ、油を少しずつ加えながら、分離しないようにさらによく混ぜる。酢、香辛料を加えて味を調える。ビンに入れ冷蔵する（1週間以降は加熱調理すること）。

→酢はハーブビネガーや花のビネガーでもよい。ゆで卵を加えればタルタルソースに、ヨーグルトを混ぜればコールスローサラダのソースにもなる。

酢醤油２種

（右）合わせ酢醤油

材料

酢（米酢）・醤油・だし汁・みりん各1/2カップ、塩小さじ１

つくり方

すべての材料を鍋に入れて一煮立ちさせる。冷めたらビンに入れて冷蔵する（1カ月保存可）。

→さっぱりした和風調味料。和洋中どの料理にも合わせやすい。

（左）甘酢醤油たれ

材料

酢（米酢）・醤油各1/4カップ、砂糖大さじ2、みりん・酒・だし汁各大さじ1

つくり方

すべての材料を鍋に入れて一煮立ちさせる。冷めたらビンに入れ冷蔵する（3カ月保存可）。

→中華やエスニックなど、濃い味つけ用に。

花のビネガー

材料

酢2カップ、ローズヒップ（ドライ）40g、ハイビスカス（ドライ）20g

つくり方

つくり方・保存方法はハーブビネガーと同様。

→ビタミンCがたっぷり。深紅の美しい色とクセのない味を生かし、ドレッシングやビネガードリンクに。塩・砂糖を混ぜて、酢飯や大根の甘酢漬けの着色に。トマトソースやボロネーズソースづくりで味を引き締める隠し味にもなる。

ハーブビネガー

材料

酢1と1/4カップ、タイム（生）・ローズマリー（生）各20g、ディル（生）10g、ローリエ2～3枚、赤唐辛子1本、黒とピンクと白のホールペッパー・コリアンダーシード各大さじ1

つくり方

ハーブ類は保存性を高めるため1週間ほど陰干しする。すべての材料をビンに入れ、7～10日間、常温で香りを抽出した後、冷蔵する（香りのよさが身上なので、1カ月ほどで使い切る）。

→香り高くてスパイシー。ハーブ類は生のまま漬けてもよいが、その場合は1週間で取り除く。サラダドレッシング、マリネ液やピクルス液などに。

＊市販の酢の使い分け
うま味の深さを求めるなら米酢（どんな料理にも合わせやすい）。香りのよさ・爽やかさなら白ワインビネガー。やわらかな甘みなら黒酢やもろみ酢などを使うとよい。

酢のアレンジ調味料を使って

c ハーブビネガーのピクルス

きゅうり1本、パプリカ1個、カリフラワー1/4個を切り、さっと湯通しして水気を切る。塩小さじ2と蜂蜜大さじ5を湯1/2カップで溶かし、ハーブビネガー1と1/2カップを混ぜて野菜を一晩漬け込む。

d りんごジュース&ビネガーのミックスドリンク

りんごジュース（他のジュースや乳酸飲料でもよい）に好みの量の花のビネガーを入れて混ぜる。

b しゃきしゃきポテトサラダ

じゃがいものせん切り4個分を熱湯で3分ゆで水気を切る。熱いうちに花のビネガー・植物油各小さじ2、塩・こしょう少々を混ぜ、オニオンピクルス（玉ねぎのみじん切り1個分を水1カップと塩小さじ1と混ぜて少しおき、水気を絞り酢1/2カップと蜂蜜大さじ1と混ぜる）とマヨネーズと混ぜる。花のビネガーを普通の酢にしてもよい。

オニオンピクルス

a 手羽先の甘酢ぷるるん煮

手羽先10本に塩・こしょう少々、生姜のすりおろし1かけ分、にんにくのみじん切り少々、酒大さじ1をもみこみ30分おく。フライパンに油大さじ1を熱し、手羽先の両面を焼き、鍋に入れる（余分な油脂は入れない）。煮汁（酢1/4カップ、醤油大さじ3、砂糖・みりん各大さじ1）を注ぎ、落とし蓋をして中火で30 ～ 40分煮込む。煮汁の酢に合わせ酢醤油を使うとさっぱりと仕上がる。温め返すときに甘酢醤油たれを加えて一煮するとうま味が濃くなる。

「白味噌」

味噌には「白味噌」「赤味噌」と、色で区分する呼び方があります。何度もゆでこぼして大豆の皮とアクをとりながら白っぽく炊きあげるのが白味噌。大豆の煮汁を捨てずに赤茶色に炊き、色濃い味噌に仕上げるのが赤味噌です。

白味噌の甘さ加減はさまざまで、使用する麹は米麹や麦麹など。ここでは大豆の倍量の米麹で仕込む極甘口の白味噌を紹介します。熟成期間が2週間〜1カ月と赤味噌と比べて非常に短く、発酵というより麹の糖化力で甘さを引き出します。夏以外の涼しい季節に仕込むと、つくりやすいでしょう。

材料：できあがり3kg弱

米麹*…1kg
大豆…500g
塩…200 〜 250g

*米麹を手づくりする場合は、白味噌の数日前に仕込む。米700gを浸水して水切り後、1時間ほど蒸し、人肌に冷めたら市販の米麹100gを混ぜ込み、4〜5日間麹カビを増殖させて完成（友麹法）。詳しくは本誌「うかたま」13号（2009年1月発行）を参照。

1 分量の塩を米麹全体に混ぜ、塩切り麹をつくる。

2 大豆を洗い、4倍量の冷水に一昼夜浸けるか、熱湯に4〜5時間浸ける。途中大豆がふやけてきたら米をとぐ要領で大豆をとぐ。皮がむけて浮いてくるので、上水を捨て、そのぶん水を足しておく。

3 2の大豆をひたひたの水で5〜6時間煮る。初めの1〜2時間はとくに大量の皮が浮いてくる。白く煮上げ、アクの雑味を出さないために、最低5回はゆでこぼし、皮を取り除き水を足してまた火にかける。

4 大豆が十分やわらかくなったらザルにあげ、煮汁と豆を分ける。煮汁は種水（味噌仕込みに使う水分）に使うので捨てずにとっておく。

5 大豆が熱いうちにすりこぎやミキサーなどで細かく粉砕する。つぶした大豆が60℃ほどに冷めたら1の塩切り麹を混ぜ込む。

6 粘土くらいの固さになるように60℃ほどの種水を注ぎ入れ、混ぜ合わせる。蓋つき容器に詰めて、涼しい場所に2週間ほど置く。

7 フードプロセッサーなどでペースト状に粉砕（味噌すり）して完成。冷蔵庫で1〜2週間ほど熟成させるとさらにうま味が出る。冷蔵庫で保存。

「米味噌（赤味噌）」

初心者にもおすすめの、もっとも一般的な味噌です。11～5月に仕込みます。

材料

大豆…500g
米麹…500g
塩…250g

1. 米麹と塩を混ぜ合わせる（塩切り麹）。
2. 大豆をたっぷりの水に一昼夜浸けて戻し、指でつぶれるくらいやわらかくなるまで煮る（煮汁は種水に使うので捨てない）。熱いうちにすりこぎなどでつぶす。
3. 2が60℃ほどに冷めたら1を加え、煮汁（種水）を混ぜながら固さを調整する。
4. 容器に3を詰め中蓋を入れ、重石をのせる。
5. 1カ月に一度、全体をかき混ぜる（切り返し）。半年後から食べ始めることができる。

✣ 白味噌を使って ✣

b 豚肉の味噌マヨネーズソース焼き

甘味噌100g、マヨネーズ大さじ2と1/2（30g）、卵黄1個、赤唐辛子粉・粒マスタード・小口切りにした万能ねぎを各適量混ぜ合わせて味噌マヨネーズをつくる（保存したい場合は卵黄を入れない）。豚肉（肩ロース）を切り、酒・塩・こしょうを少々振りかけ30分ほどおき、串に刺してグリルで両面がきつね色になるまで焼く。片面にソースをのせ極弱火で焼き色を付ける。残りは野菜スティックに添える。

＊基本の甘味噌

和え衣、たれ用にはベースとなる甘味噌をつくっておくとアレンジしやすい。白味噌300g、砂糖大さじ2、みりん・酒各大さじ1を鍋でかき混ぜながら一煮立ちさせる。冷めたら容器に入れ冷蔵庫で保存。

a 野菜と貝の辛子酢味噌和え

甘味噌60g、酢大さじ1、溶き辛子小さじ1を混ぜ合わせて辛子酢味噌をつくる。塩ゆでした菜の花、ミョウガ、焼きネギ、酒蒸ししたアサリと和える。

「豆味噌」

豆味噌は、米や麦の麹を使わずに、大豆に麹カビを生やして発酵させる味噌。麹菌が大豆のうま味を最大限に引き出します。

つくり方は地方やつくり手により異なりますが、大別すると2通りあります。ひとつは大豆を丸めた味噌玉を1～2カ月間乾燥して、味噌玉の中だけに麹カビを繁殖させ、塩水と合わせて3年間熟成させる方法。完全に乾燥するので他の菌が付きにくいですが、水分を吸収し熟成するのに時間がかかります。もうひとつは、味噌玉をポリ袋などで覆い、外側だけに麹カビを生やして熟成させる方法。水

材料：できあがり量　約2.5kg

大豆…1kg
豆味噌用の種麹*…耳かき1杯
（入手した種麹の仕様書に従って使用。増量されていない場合は扱いやすいように、香煎《こうせん》（はったい粉）大さじ2を加えて増量する）
塩…300g
水…700 ～ 1000mℓ

*（株）ビオック（☎0532-31-9204）で入手可

1 大豆をふやかす

大豆をたっぷりのぬるま湯に40分ほど浸してザルにあげる。皮に多少シワが残っていて、指でつまむとつるっと中身が飛び出してくるくらいが目安。冷たい水の場合は1 ～ 2時間。

2 蒸す

大豆が軽く指でつぶせるほどやわらかくなるまで蒸す。時々火を止めながら1 ～ 2日かけて蒸すと豆が褐色になりコクが増す。一度に蒸しあげる場合は4 ～ 5時間。煮てもよい。

3 つぶす

あら熱をとり、マッシャーやすりこぎで大豆を3割方つぶす。人肌まで冷めたら分量の半分の種を混ぜ込む。これは味噌玉の中に麹カビを繁殖させるための種付け。

4 味噌玉をつくる

温かいうちに大きめのおにぎりを握るように大豆を丸める。おにぎりに塩をまぶす要領で味噌玉に残りの種をまぶす。これは味噌玉の外側にも麹カビを繁殖させるための種付け。

5 乾燥させる

味噌玉をザルに並べる。外側が乾き、多少刺激を与えても壊れないくらいが目安。仕込んだ季節の湿度や温度、置き場所によって期間は変わる。11月末～ 3月上旬の、寒くて湿度が低い場所なら1 ～ 2カ月ほど。暖房設備のある暖かい場所に置くなら1週間～ 1カ月ほど。もしも赤・ピンク・青・黒色などのカビが生えたら取り除く。

寒い場所に置いた場合は外側が完全に乾燥し、ウグイス色の麹カビは中に生えてくる

暖かい場所に置いた場合は外側から麹カビが生えることもある。麹以外の菌も付きやすいので注意

分があるので熟成期間は1年と短いですが、熟成以前に他の菌に取り付かれ、正常なカビを発生させるのが難しい場合があります。
ここではこの両方の良い部分だけを組み合わせた、1年でできる失敗ナシの豆味噌を紹介します。味噌玉の乾燥を途中で切り上げ、生乾きのまま正常な麹カビを繁殖させる方法です。熟成が早く、1年目から食べ始めることができます。もちろん、発酵のペースに身をまかせる気持ちが大切です。11月末〜3月の上旬までの寒い時期に仕込むと、余計なカビも生えにくく、順調に作業も進みます。

6 保湿する

外側が乾いたら味噌玉に直接触れないようにポリ袋にザルごと入れ、暖かいところに置く。ビニールが付着すると、その部分が汗をかいて濡れ麹菌以外の菌が付きやすいので注意。季節や環境の違いによって異なるが、2日〜1週間ほどで外側にも麹カビが生えてくる。

最初に白色の麹カビがぽつぽつ、次第に黄色が生え、最後はウグイス色が繁殖する（写真はこの状態）。白い麹カビが全体を覆った段階でOK。

7 本仕込み

麹カビが中にも外側にも十分繁殖したら、味噌玉を崩しながら容器に入れ、塩と水を加えて混ぜ2〜3kgの重石をのせる。2〜3日後に様子を見て、表面が乾燥していたら適量の水を追加する。

長期間乾燥させた味噌玉は吸水が多く、乾燥期間が短いうちに麹カビを繁殖させたものは吸水が少ない。

8 切り返し

本仕込みから1カ月後に、1度目の切り返しを行ない、味噌全体を底からよくかき混ぜる。水気不足なら適量の水を加え混ぜる。

1〜2カ月に一度は切り返し、味噌の様子を見ながら1年熟成させる。表面に白・黄・ウグイス色のカビが生えても切り返しで混ぜ込んでOK。ただしそれ以外の、赤・ピンク・青・黒色などのカビが生えていたら取り除く。

✣ 豆味噌を使って ✣

豆味噌汁

豆味噌だけでつくるので独特のコクと風味が出る。好みの味噌と混ぜ合わせて味を調えてもよい。

その他の豆味噌料理例

揚げだし豆腐の豆味噌グラタン

揚げだし豆腐を耐熱皿に並べ、味噌を所々にのせ、マヨネーズをトッピングして230℃のオーブンで12分焼く。

チーズの豆味噌漬け

豆味噌とみりんを煮溶かした甘味噌に、モッツァレラチーズやクリームチーズを２週間ほど漬け込む。

中川たまさん
梅の食卓
―8種の保存食と使い方―

「瓶詰めがたくさん並んでいると幸せ」という中川たまさん。味噌や醤油に漬け込んだり、砂糖と煮たりと毎年、初夏になると、新鮮な梅を使っていろいろと仕込みます。料理にもお菓子にも幅広く使えてとっても便利だそう。梅が出回る時期につくりおきして、一年中楽しみましょう。

料理・スタイリング＝中川たま　写真＝矢郷桃

みずみずしさとさわやかな香りが初夏を感じさせる梅の実。新鮮なものが手に入るのは5月末から梅雨明けまでですが、漬けたり煮たりすることで一年中活躍する保存食になります。おなじみの梅干しはもちろんですが、それだけではもったいない。香りを活かしたり惣菜にしたり、おやつにも…と日々の食卓にもっと活かしましょう。

梅は熟度によって実の固さや香りが違います。未熟な青梅は少しツンとした香りでフレッシュ感があり、実は固め。コンポートやシロップ漬けなどじっくりエキスを出し、実も味わいたいレシピにぴったりです。一方黄色くなった完熟梅は芳醇な香りとまろやかさがあり、梅干しやジャム、シェリー酒漬けなどにむいています。また、カリカリした食感の梅漬けをつくりたい場合は、1円玉大ほどの小梅を使います。小粒なのでエキスが出るのも漬かるのも早く、塩や醤油、味噌に2週間ほど漬けておくだけで、梅風味の調味料と食感のよい梅漬けのできあがりです。

ここでご紹介する8種類の梅の保存食は、ほんのひと手間で仕込めるものばかり。料理にお菓子に、大いに活用してください。

梅の味噌漬け

小梅の塩漬け

完熟梅のシェリー酒漬け

小梅の醤油漬け

青梅の梅酢

梅ジャム

青梅のコンポート

小梅の黒糖漬け

※それぞれの保存食のつくり方はp91に掲載しています。

＊この記事は本誌「うかたま」19号（2010年7月発行）の掲載記事を再構成したものです。

小梅の黒糖漬けを使って

甘酸っぱいフルーツに
梅風味の黒蜜をたっぷりとかけて

ブドウと寒天の梅黒蜜かけ

◎材料

棒寒天…1/2本(5g)
ブドウ*…適量
小梅の黒糖漬け…適量

*ブドウは皮をむかずに食べられる品種がよい。ここではロザリオビアンコを使用。

1.寒天をつくる

寒天をたっぷりの水（分量外）に浸し押し洗いし、固く絞り小さくちぎって水1/4カップと一緒に鍋に入れ、弱火で煮溶かす。完全に溶けたら容器に流しこみ冷蔵庫で冷やし固める。

2.仕上げ

寒天を1cm角に切り、皮のまま半分に切ったブドウと盛りつける。食べる直前に小梅の黒糖漬けでできた黒蜜をかける。

青梅のコンポートを使って

青梅を丸ごと閉じ込めた冷菓
見た目も美しい一品です

梅の一口ゼリー

◎材料

青梅のコンポート…3個
コンポート液…3/4カップ
板ゼラチン…2g

1.下準備

ゼラチンは浸かる程度の水（分量外）でふやかしておく。コンポートは固める容器に入れておく。

2.ゼラチン液をつくる・固める

鍋にコンポート液とゼラチンを入れて火にかけ、ゼラチンが溶けたら火を止めて**1**で用意した容器に液を注ぎ、冷蔵庫で約2時間冷やし固める。

青梅の梅酢を使って

梅酢がきゅっと効く
彩り豊かな夏野菜の一皿

夏野菜の ゼリー寄せ

◎材料：2人分

好みの夏野菜…適量〈ここでは、ゆでたオクラ3個（4等分）、みょうが（4等分）、ミニトマト赤黄各3個、ゆでた枝豆約10粒〉
ゼリー液
　板ゼラチン…4g
　A ┌ 梅酢…1/4カップ
　　│ 薄口醤油…大さじ1
　　└ 水…1/4カップ

1. 下準備

板ゼラチンは浸かる程度の水（分量外）でふやかしておく。野菜は切っておく。

2. ゼリー液をつくる

鍋にAを入れて火にかけ、沸騰直前で火を止める。ふやかしたゼラチンを加え混ぜて溶かし、あら熱を取る。

3. 固める

グラスに野菜を並べ、ゼリー液を注ぎ、冷蔵庫で約2時間冷やし固める。

白梅酢を使って

旨みも歯ごたえも増した
干し野菜に白梅酢を浸みこませて

干し野菜のマリネ

◎材料：2人分

ナス…2個
みょうが…4個
きゅうり…2本
紫玉ねぎ…1/2個
マリネ液
　A ┌ 白梅酢*…大さじ4
　　│ だし汁…小さじ1
　　└ きび砂糖…大さじ1と1/2

*小梅の塩漬けをつくる過程でできる副産物。

1. 下準備

野菜は細切りにしてザルに並べ、約3時間天日に干す。水分が半分くらい抜け、ひとまわり小さくなるくらいが目安。

2. 漬ける

Aを混ぜ合わせ、1の野菜を半日～2日漬けておく。

小梅の醤油漬けと梅醤油を使って

梅醤油で煮て梅の味をより深く
青魚が苦手な人にもおすすめです

イワシの醤油煮

◎材料：2～3人分

イワシ…6尾

A
- 小梅の醤油漬け…4個
- 梅醤油*…大さじ2
- みりん…大さじ2
- 酒…大さじ2
- 水…1カップ

*小梅の醤油漬けでできる醤油。

1.下準備

イワシはうろこ、頭、内臓を取り、水洗いして水けを拭いておく。

2.煮る

浅い鍋にAを入れて火にかける。煮立ってからイワシを入れて落とし蓋をし、中火で煮る。煮汁が少なくなったら、イワシに煮汁をかけながら煮詰める。

梅ジャムを使って

こってりとした甘辛さに梅の風味
ジャムの照りが食欲をそそります

大豆のから揚げ梅ジャム和え

◎材料：2人分

乾燥グルテンミート*…50g
かたくり粉…大さじ2
揚げ油…適量

A
- 醤油…大さじ1
- 酒…大さじ1
- 生姜のしぼり汁…大さじ1/2

たれ

B
- 梅ジャム…大さじ2
- 醤油…大さじ1と1/2
- 白煎りごま…適量

*大豆のグルテンを加熱・加工した製品。ここではから揚げタイプを使用。

1.下準備

グルテンミートを熱湯（分量外）に5分間浸けて戻したら、水気を絞って、Aを混ぜ合わせたものに1時間浸ける。

2.たれをつくる

ボウルにBを混ぜ合わせておく。

3.揚げる・和える

グルテンミートにかたくり粉をまぶし、170℃に熱した油できつね色になるまで揚げる。熱いうちにたれのボウルに入れ、箸で混ぜ合わせる。

さっぱりご飯やコクのある具
いろいろな取り合わせで楽しんで

梅のおにぎり 6種

梅味噌と青梅の梅酢を使って

a 根菜の味噌漬けの海苔巻き

◎材料：2本分

炊きたての玄米ご飯…茶碗2杯分
梅酢…大さじ1
A きび砂糖…大さじ1
塩…少々
ごぼう…2本
にんじん…1本
梅味噌*…1/3カップ
青じそ…6枚
焼き海苔…全形2枚
*梅の味噌漬けの味噌。

1.下準備
根菜を梅味噌に漬ける。ごぼうは皮を軽く削ぎ落とす。ごぼうとにんじんを適当な長さに切り、1cm角の拍子木切りにする。さっとゆで、梅味噌をぬって1日以上置く。

2.すし飯をつくる
炊きたての玄米ご飯に混ぜ合わせたAを加えて蒸らし、うちわなどで冷ましながら切るように混ぜる。

3.巻く
巻きすに焼き海苔、**2**、青じそ、**1**のごぼうとにんじんをのせて巻く。

青梅の梅酢を使って

b 高野豆腐のカツと梅タルタルの海苔巻き

◎材料：2本分

すし飯…茶碗2杯分（根菜の味噌漬けの海苔巻き参照）
高野豆腐…1枚
だし汁…1カップ
A 薄口醤油…小さじ1
塩…少々
薄力粉、水…1/4カップ
パン粉、揚げ油…適量
梅タルタル
梅酢…大さじ1
B 梅酢の実…1個
マヨネーズ…大さじ2
にんじん、セロリ、きゅうり…適量
焼き海苔…全形2枚

1.カツをつくる
高野豆腐を水で戻し、軽く絞る。鍋にAを入れひと煮立ちさせ、高野豆腐を入れて煮、やわらかくなったら汁気を絞り、縦に1cm幅に切る。混ぜ合わせた薄力粉と水、パン粉の順につけ180℃の油できつね色になるまで揚げる。

2.梅タルタルをつくる
実は種を取って細かく刻み、マヨネーズ、梅酢と混ぜる。

3.巻く
巻きすに焼き海苔、すし飯、野菜のせん切り、梅タルタル、カツの順にのせ巻く。

小梅の塩漬けと青梅の梅酢を使って

c しらすときゅうりのおいなりさん

◎材料：4個分

すし飯…茶碗2杯分（根菜の味噌漬けの海苔巻き参照）
【おいなり】
油揚げ…2枚
だし汁…1/2カップ
きび砂糖…大さじ1と1/2
A 濃口醤油…小さじ2
薄口醤油…小さじ1/2
みりん…小さじ2
【酢の物】
しらす干し…大さじ2
きゅうり…1本
白梅酢*…1/4カップ
B だし汁…大さじ1
きび砂糖…大さじ1と1/2
塩…少々
*小梅の塩漬けをつくる過程でできる副産物。

1.油揚げを煮る
油揚げは半分に切り熱湯でゆでて油抜きをし、冷めたら汁気を絞って袋状に開く。鍋にAと油揚げを入れて火にかけ、時々返しながら汁気がなくなるまで煮る。そのまま冷まし、味を含ませる。

2.酢の物をつくる
Bを鍋に入れひと煮立ちさせ冷ましておく。きゅうりは薄く小口切りにし、塩ひとつまみをふってしばらくおく。水気が出たら手で絞り、ボウルにしらす干し、冷ましたBとともに入れ、味をなじませたら水気を切る。

3.詰める
油揚げの汁気を切り、切り口を内側に少し折り込み、4等分にしたすし飯を詰め、上に酢の物をのせる。

小梅の塩漬けを使って

d タイ風混ぜご飯

◎材料：2人分

温かい玄米ご飯…茶碗約2杯分
鶏ひき肉…100g
玉ねぎ…1/8個
赤パプリカ…1/2個
小梅の塩漬け（粗く刻む）…4個
にんにく…1/2かけ
A 赤唐辛子…1本
香菜…3～4本
ナンプラー（タイの魚醤）…小さじ2
B オイスターソース…小さじ2
塩…少々
バジルの葉…10枚
ピーナッツオイル*…適量
*なければ、ごま油でも代用可。

1.下準備
玉ねぎ、パプリカは1cm角に切る。Aはすべてみじん切りにする。

2.具をつくる
ピーナッツオイルとAをフライパンで火にかけ、香りがでたら鶏ひき肉を炒める。火が通ったら玉ねぎ、パプリカを加え、Bを加えて全体に火が通ったらちぎったバジルを加え、火を止める。

3.握る
温かい玄米ご飯に**2**、小梅の塩漬けを加えて混ぜ合わせ、握る。

梅味噌を使って

e 梅味噌の焼きおにぎり

◎材料：4個分

炊きたての玄米ご飯…茶碗大盛り2杯分
梅味噌…小さじ4
塩…少々

握る・焼く
手に水、手塩をつけ炊きたての玄米ご飯を握り、梅味噌を塗ってグリル、または焼き網で梅味噌に焼き目がつくまで焼く。

小梅の醤油漬けを使って

f 干物と梅の醤油漬けのおにぎり

◎材料：4個分

炊きたての玄米ご飯…茶碗大盛り2杯分
アジの干物…小1枚
小梅の醤油漬け…4個
青じそ…4枚
塩…少々

1.下準備
干物は焼いてほぐしておく。

2.握る
干物を炊きたての玄米ご飯に混ぜ、ちぎった青じそを混ぜ、手に水、手塩をつけて握り、小梅の醤油漬けをのせる。

青梅の梅酢を使って

玄米ご飯に旬の野菜をたっぷり
ご飯にもおかずにもなる一皿

黒米入り
ライスサラダ

◎材料：2人分

黒米入り玄米ご飯…茶碗2杯弱分
紫玉ねぎ…1/8個
ミニトマト…黄、赤各3個
セロリ…1/8本
きゅうり…1/2本
ゆでた枝豆…20粒
イタリアンパセリ…少々
A ┌ エクストラバージンオリーブオイル…大さじ2
│ 梅酢…大さじ1と1/2
└ 塩…ひとつまみ

1.下準備

紫玉ねぎはみじん切りにして水に5分ほどさらしておく。ミニトマトは4等分、セロリ、きゅうりは5mm角に切る。

2.混ぜる・仕上げ

ボウルに玄米ご飯、**1**の野菜、枝豆、混ぜ合わせたAを合わせ、少し時間をおいて味をなじませる。器に盛りつけ、上にパセリをのせる。

小梅の醤油漬けと梅醤油を使って

苦みと酸味の組み合わせがよい
梅醤油ベースの和風炒飯

ゴーヤーと梅の炒飯

◎材料：2人分

玄米ご飯…茶碗2杯分
ゴーヤー…1/2本
卵…1個
桜エビ…大さじ1
小梅の醤油漬け…4個
梅醤油…小さじ1
鰹節…2つまみ
ごま油…適量
塩、こしょう…少々

1.下準備

ゴーヤーは種とわたを取って薄切りにし、塩少々をふってしばらくおいて水気を絞っておく。梅は粗く刻む。卵は溶いておく。

2.炒める・仕上げ

フライパンにごま油をひいて火をつけ、熱くなったら卵を入れ混ぜ、少し固まったら玄米ご飯を加えて炒める。ゴーヤー、桜エビ、梅を加えさらに炒め、ゴーヤーに火が通ったら塩、こしょう、梅醤油で味を調える。皿に盛りつけ、鰹節をのせる。

梅醤油を使って

食べごたえのあるお吸い物
梅醤油を加えることで深い味わいに

沢《さわ》煮《に》椀《わん》

◎材料：2人分

豚ロース薄切り肉…2～3枚
椎茸…2枚
大根…8cm
にんじん…1/2本
水菜…1/5束
長ねぎ…1/4本
粗挽き黒こしょう…少々

A
- だし汁…2カップ
- 梅醤油…小さじ2
- 酒…小さじ1
- 塩…少々

1.下準備

豚肉、椎茸は細切りにする。長ねぎは白髪ねぎにし、水にさらしておく。大根、にんじんは皮をむいてせん切りに、水菜は食べやすい大きさに切る。

2.煮る・仕上げ

鍋にAを入れひと煮立ちしたら、水菜と白髪ねぎ以外の具を加える。豚肉に火が通ったら水菜を加えて火を止める。お椀に盛り、白髪ねぎをのせ、黒こしょうをふる。

青梅の梅酢と梅醤油を使って

とろみのある四川料理のスープに
梅酢のキリッとした酸味を加えて

梅風味の酸辣湯《サンラータン》

◎材料：2人分

筍の水煮…40g
ホタテの水煮…1缶(60g)
干し椎茸…2枚
春雨…20g
乾燥きくらげ…適量
卵…1個
香菜…適量
かたくり粉…小さじ2
ラー油、ごま油…適量

A
- 梅酢…大さじ1
- 梅醤油…小さじ1
- 塩…ひとつまみ

1.下準備

干し椎茸は2カップの水（分量外）に浸けて戻しておく。適当に切ったきくらげ、春雨も水（分量外）で戻しておく。筍、椎茸は薄切りにする。卵は溶いておく。

2.煮る

鍋に椎茸の戻し汁を入れて煮立て、筍、ホタテ（汁も含む）、春雨、きくらげ、椎茸を入れて煮る。すべてに火が通ったらAを加える。かたくり粉を同量の水（分量外）で溶いて加え、とろみをつけた後、溶き卵を回し入れ、半熟になったら火を止める。

3.仕上げ

器に盛り、ちぎった香菜をちらして、ラー油、ごま油を回しかける。

完熟梅のシェリー酒漬けを使って

ゆっくりと梅の香りを楽しむ
甘くまったりしたカクテル

サングリア

◎材料：4人分

完熟梅のシェリー酒漬け…3カップ
オレンジ…1/2個
桃…1/2個
シナモンスティック…4本

1. 下準備

桃は洗って産毛をとっておく。皮はついたままでよい。オレンジは輪切りにして半分に切る。

2. 器に入れる

梅のシェリー酒漬けに、オレンジ、一口大に切った桃、シナモンスティックを入れる。好みで薄めたり氷を入れたりする。

梅ジャムを使って

梅ジャムとチーズが好相性
コクがあるのに後味はさわやか

梅ジャムとマスカルポーネの ミルクレープ

◎材料

クレープ生地（約18枚分）
　卵…2個
　薄力粉…100g
　牛乳…1と1/4カップ
　発酵バター（有塩）…20g
　メイプルシロップ…大さじ1と1/2
　ラム酒…少々
　植物油…適量
マスカルポーネ（クリームチーズでも可）、梅ジャム…各適量

1. 下準備

バターは湯せんで溶かし、冷ましておく。薄力粉はふるっておく。

2. 生地をつくる

ボウルに卵を入れほぐし、メイプルシロップを加えて泡だて器で混ぜ、半量の牛乳、薄力粉を加えてさらに混ぜる。残りの牛乳、溶かしたバター、ラム酒も加えてよく混ぜ、ラップをして冷蔵庫で1時間以上寝かせる。

3. 生地を焼く

熱したフライパンに油をひき、**2**をお玉1杯弱分入れ、両面焼く。同様にして生地分すべて焼く。

4. 仕上げ

焼けたクレープにマスカルポーネを薄くのばし、クレープをのせる。そこに梅ジャムを薄くのばし、またクレープをのせ、マスカルポーネをのばし、を繰り返して重ねていく。

中川たまさんが教えてくれた

8種の梅の保存食

★基本の下処理

梅を水で洗い、たっぷりの水に2～3時間浸けてアクを抜く。ザルにあげて水気を切り、清潔な布巾などで拭き、竹串でヘタを取る。

＊使う容器は熱湯で煮沸するかアルコールで消毒をして、清潔にしておく。

＊材料にきび砂糖、てんさい糖など出てくるが、黒糖以外は好みの砂糖でよい。

1. 小梅の醤油漬け

梅を醤油に漬けるだけ
実も醤油も重宝する

◎材料
青い小梅…500g
醤油…3カップ
◎つくり方
下処理をした小梅を保存容器に入れ醤油を注ぐ。蓋をして約2週間冷暗所においたらザルでこし分け、実と梅醤油を別々の容器に入れ、冷蔵庫で保存する。1年ほどもつ。

2. 梅ジャム

チーズなど乳製品と好相性
照り焼きのたれに混ぜても

◎材料
完熟梅…500g
きび砂糖…250g
◎つくり方
たっぷりの水と下処理をした梅を鍋に入れ、ゆでこぼす。冷めたら切って種を取る。鍋に実ときび砂糖を入れて弱火にかけ、丁寧にアクをとってとろりとなるまで煮る。熱いうちに保存ビンに注ぎ、蓋をして逆さにして冷ます。冷蔵庫で2～3カ月もつ。

3. 青梅の梅酢

白梅酢よりまろやかな酸味
あっさりさせたい料理に

◎材料
青梅…500g
洗双糖*…300g
米酢…4カップ
*サトウキビ由来の精製していない粗糖。
◎つくり方
下処理をした梅（浸水は一晩必要）を保存容器に入れ、上から洗双糖、酢を入れ蓋をして冷暗所に1～2カ月おく。洗双糖が溶けたらできあがり。冷暗所では半年、冷蔵庫で1年ほどもつ。

4. 完熟梅の シェリー酒漬け

梅の芳醇な香りのお酒
お菓子の香りづけにも

◎材料
完熟梅…500g
てんさい糖…300g
シェリー酒*…4カップ
*スペイン南部の特定地域でつくられる白ワイン。アルコール度数は16～18度と通常のワインより高く、特有の香りがある。
◎つくり方
下処理をした梅を保存容器に入れ、てんさい糖、シェリー酒を注ぎ、蓋をして冷暗所に約2週間おけばできあがり。冷暗所で1年ほどもつ。

5. 小梅の黒糖漬け

梅と黒糖の黒蜜は
あっさりした甘さ

◎材料
小梅*…500g
粉末の黒糖…500g
*梅からエキスだけを出すので実は未熟でもよいが、完熟を使うと早くできる。
◎つくり方
下処理をした小梅を保存容器に入れ、黒糖をかけて蓋をし、冷暗所に2～3週間おく。黒糖が溶けて梅の実がしわしわになり、蜜状の液体ができる（黒蜜）。実をザルでこして取り除き、黒蜜は冷蔵庫で保存する。1年ほどもつ。実はエキスが出てしまっているので捨てる。

6. 青梅のコンポート

肉厚の青梅で
果肉の食感を楽しむ

◎材料
青梅…500g
きび砂糖…3/4カップ
蜂蜜…1/2カップ
白ワイン…1/2カップ
◎つくり方
1.梅の表面に竹串などで数カ所穴をあけ、ヘタを取り、たっぷりの水（分量外）に一晩浸してアクをぬく。
2.梅をザルにあげ水気を切り、たっぷりの水を入れたお鍋で煮立たせないように弱火で15分煮る。お湯を捨て、たっぷりの水に梅を2～3時間浸ける。
3.水気を切った梅を鍋に入れ、きび砂糖と蜂蜜をまわし加え、2～3時間おいてから弱火にかけ、アクを丁寧にとりながら15分煮る。
4.実をすくって保存容器に入れる。鍋に残した煮汁は、白ワインを加えてひと煮立ちさせ、熱いうちに実を入れた保存容器に注いで蓋をする。冷蔵庫で1カ月ほどもつ。

7. 小梅の塩漬け

梅干しよりもさっぱり
副産物の白梅酢も便利

◎材料
青い小梅…500g
焼酎…大さじ2
自然塩…70g
◎つくり方
下処理をした小梅に焼酎をまぶす。次に2/3量の塩を、両手で小梅をすくうように全体にまぶし、保存容器に移して残りの1/3量の塩をふる。梅の2～3倍の重石をし、容器の内側の水分や汚れをふきとる。ビンやほうろうの場合は蓋はしないで、ホコリが入らないように新聞紙などをかぶせ、液体（白梅酢）があがるまで冷暗所に置く。常温で1年ほどもつ。

8. 梅の味噌漬け

味噌は漬け床やたれに
刻んだ実はご飯のおともに

◎材料
青梅…500g
味噌…500g
きび砂糖…250g
◎つくり方
梅はさっと洗い水気を拭いておく。保存容器に梅、味噌、きび砂糖の順で交互に重ね、蓋をして冷暗所におく。何度か木べらなどでかき混ぜ、味噌がゆるくなってきたらできあがり。冷暗所で半年、冷蔵庫で1年ほどもつ。

Hikaruさんがつくる

おすそわけの瓶詰め

旬の魚がたくさん手に入ったとき。野菜のおいしさを長く楽しみたいとき。
家族の分と一緒に、おすそわけの瓶詰めをつくってみませんか。
保存食上手は料理上手。素材そのままでもおいしいけれど
ひと手間加えてアレンジすると、素材の新しい楽しみ方も発見できます。

写真＝武藤奈緒美　　料理・スタイリング＝Hikaru

香り豊かな素材の組み合わせ
椎茸の食感も楽しい

きのことバジルのペースト

材料

椎茸…6個
にんにく…1かけ

A
- バジル…50g
- 松の実…大さじ1
- パルメザンチーズ…大さじ1
- オリーブオイル…大さじ3
- 塩…小さじ1
- 黒こしょう…少々

つくり方

1. 椎茸は傘の内側を太陽にあてて半日ほど干す。軸を落とし、さいのめに切る。
2. フライパンを熱し、オリーブオイル（分量外）でにんにくを炒め、香りがしてきたら**1**を炒める。つやつやとしてきたら塩、黒こしょう（ともに分量外）をし、火を止める。
3. Aの材料をフードプロセッサーにかける。さらに**2**を加え、軽くかける。

＊フードプロセッサーの代わりにすり鉢を使ってもよい。すり鉢だと、バジルがまったりした感じに仕上がる。

＊この記事は本誌「うかたま」12号（2008年10月発行）の掲載記事を再構成したものです。

サンマ独特のうま味をいかした
和にも洋にもあう一品

サンマのオイル漬け

材料

サンマ…5尾
玉ねぎ…1個
にんじん…1本
白ワイン…2カップ
塩…小さじ1と1/2
黒こしょう…少々
醤油…小さじ1
オリーブオイル…適量
赤唐辛子…あれば1本
ローズマリー…あれば適量

つくり方

1. サンマは三枚におろし、一口大に切る。塩（分量外）をまぶす。
2. 玉ねぎは繊維に沿って薄切りに、にんじんは薄めの短冊切りにする。
3. 火にかける前に、フライパンに**2**、その上に水気をふきとった**1**をのせる。あれば赤唐辛子とローズマリーをのせる。全体に白ワインを回しかける。
4. ぐらぐらしない程度の中火にかけ、サンマに火が通ったら塩、黒こしょうをし、少々煮込んで醤油を回し入れ、火を止める。
5. 温かいうちにビンに詰め、かぶるくらいのオリーブオイルを加え入れる。

野菜がたっぷり入っているから
やさしい香りと味わいになります

レバーペースト

材料

鶏レバー…150g
にんにく…1かけ
玉ねぎ…1/2個
にんじん…1/6本
セロリ…1/3本
オリーブオイル…適量
白ワイン…1/2カップ
ローリエ…1枚
塩、黒こしょう…各少々

つくり方

1. にんにく、玉ねぎはみじん切りにし、にんじん、セロリは繊維を断つように薄くスライスする。
2. 鶏レバーは水で洗い、水気をふきとり、一口大に切る。
3. フライパンでにんにく、玉ねぎをオリーブオイルで炒める。いい香りがしてきたらにんじん、セロリを加えさらに炒める。野菜が透明な色になったら、**2**を加える。
4. レバーの色が白っぽくなってきたら、白ワイン、ローリエ、黒こしょうを加え蓋をして蒸し焼きにする。
5. 水分がなくなってきたらローリエを除いてフードプロセッサーにかける。最後に塩、黒こしょうで味を調える。

＊フードプロセッサーの代わりにすり鉢を使ってもよい。

太陽のパワーを吸収した乾物を
辛めの味つけでエスニックに

切干大根の辛いきんぴら

材料

切干大根…100g
長ねぎ…1/2本
ごま油…適量
たれ
　コチュジャン…大さじ3
　にんにく…3かけ
　そば蜂蜜（好みの蜂蜜）
　…大さじ1
　醤油…大さじ2
　すりごま（白）…大さじ3
　黒こしょう…少々

つくり方

1. 切干大根は水で10分ほど戻し、よく絞り、水気を除く。包丁で細かく刻む。
2. にんにくはすりおろし、たれの材料をすべて混ぜ合わせる。
3. 粗みじんに切った長ねぎをごま油でよく炒める。ついで**1**を加え炒めて**2**を加え、よく混ぜながら炒める。

お酒やご飯のおともにしたり
魚や野菜にもあう万能味噌

そばの実味噌

材料

むきそば（そば米）…30g
酒…1/4カップ
きび砂糖（好みの砂糖）
　…40g
信州味噌…150g
酢…小さじ1
七味唐辛子…少量
生姜のすりおろし…小さじ1

つくり方

1. むきそばはフライパンで軽く炒る。
2. 別の鍋に酒を入れ火にかけて煮立たせる。
3. きび砂糖を**2**に加えへらでよく混ぜ、完全に溶けたら信州味噌を加え、さらによく混ぜる。
4. 酢と七味唐辛子、生姜のすりおろしを加えさらによく混ぜ、味噌の色が少し濃くなったら火を止めて、**1**を加え混ぜる。

甘さをひかえた大人のデザート
よーく冷やして召しあがれ

いちじくのコンポート

材料

いちじく…5個
赤ワイン…2カップ
きび砂糖(好みの砂糖)
…大さじ8
バニラビーンズ…1/3本
レモンの輪切り…5枚

つくり方

1. いちじくの軸のほうに十字に切りこみを入れる。
2. 鍋に1、赤ワイン、きび砂糖、縦に半分に切ったバニラビーンズ、レモンの輪切りを入れ、落とし蓋をし、中火にかける。
3. 鍋のふちがふつふつしてきたら弱火で10分煮る。上下を返して5分煮る。

紅茶に入れたり肉料理に添えたり
アレンジ自在なコンフィチュール

ぶどうの砂糖煮
(シナモン/マリーゴールド)

材料

種無し巨峰…400g
きび砂糖(好みの砂糖)
…60g
レモン汁…大さじ1
シナモンスティック…1/2本
(またはハーブティー用マリーゴールド大さじ3)

つくり方

1. 巨峰は皮をむく。
2. 鍋に1ときび砂糖、レモン汁を入れ20分ほどおく。水分が出てくる。
3. 2にシナモンスティックまたはマリーゴールドを加え、中火にかける。鍋のふちがふつふつしてきたら弱火で25分ほど煮る。

*ときどきへらで混ぜて、焦げないように気をつける。アクが出る場合は取り除く。

ビン詰めの基本

おいしく料理できたら、しっかり殺菌してビン詰めに。
いつでも食べられる手軽さも魅力だけれど、
カラフルなビンが並んだ棚は、見ているだけで楽しくなりそう。

用意するもの

ビニールの手袋

軍手2組

ガラスの蓋つきビン

鍋に入る大きさのザル

大きめの鍋

ビン詰めの手順

1

浅く水を張った鍋にザルを入れる。きれいに洗ったビンと蓋を、口を下向きに入れて鍋の蓋をし、点火。蒸気が出始めてから15分加熱（殺菌）する。消火後もビンは鍋に入れておく。

2

調理後の料理を**1**で殺菌したビンに口元まで詰め、空気が抜ける程度に軽く蓋をして、再び浅く水を張った鍋に入れて点火。蒸気が出始めてから5～15分加熱する。

3

ビンを鍋から取り出し、固く蓋をする。このときはビンが非常に熱いので、火傷に注意。軍手2枚をはめた上にビニールの手袋をして作業をするとよい。

4

平らなところにビンを逆さにして置き、30分ほどそのまま置く。この作業は、蓋の部分を完全に殺菌するために必ず行なう。

5

水で冷やしながら容器をよく洗う。ビンからこぼれた液体には栄養分があり、カビが発生する原因になるので、蓋の周りは特によく洗う。

6

ビンをよくふいて完成。保管する場合は冷暗所におく。蓋やビンに、つくった日付を書いておくと便利。

調味料の使い方や保存の疑問にお答えします。

中川たまさんがお答えします。

Q 濃口醤油と薄口醤油の使い分け方を教えてください。

A 私は筑前煮のような甘辛くコクの出るように仕上げたい煮物には濃口醤油を使います。p32「こっくり煮物だれ」がその例です。一方、だし汁がたっぷりの、あっさりした炊き合わせには薄口醤油。素材の色もきれいに仕上がります。p30「きのこのだし醤油」やp31「薄口だし醤油」は、きのこや鰹節、昆布などの素材の風味を活かすためにも薄口醤油を使いました。

いつもの料理もときには醤油を変えるだけで、別なおいしさを発見できるでしょう。ただし薄口醤油は色が薄くても塩分が多いので、味見しながら加減してください。

Q 梅の味噌漬け（p91）を仕込んだら、味噌の表面がぶくぶくと泡立ってきましたが、大丈夫でしょうか？

A 梅を味噌に漬けておくと、発酵してガスがわいてきます。アルコール臭がすることもありますが、心配はありません。1日1回、蓋を開けてかき混ぜてガスを抜くと、容器から吹き出すこともないでしょう。しばらくすると発酵がおさまり、熟成しておいしくなってきます。梅からエキスが出て味噌と分離することもありますが、これも問題ありません。ただし、梅が表面に浮いてきて空気に触れるとカビがつきやすくなるので、梅が上がってきたら混ぜて中に入れ込むようにしましょう。

按田優子さんがお答えします。

Q 残ってしまったスパイス類を使いきるコツはありますか？

A まず、自分が使いやすいのは粉なのか、粒（ホール）なのか、両方あるとよいのか、を見極めて買うことが大事です。粉は料理にそのまま手軽に使えますし、頻繁に使う方ならなおさら便利です。

粒はペッパーミルに入れると使うたびに新鮮な香りを楽しめます。また粒ですと、やかんに番茶とともに入れ、水から弱火で20分ほど煎じればフレーバーティーをつくれます。冬ならシナモンスティックがおすすめ。砂糖を入れたかのような甘いお茶に仕上がります。夏ならコリアンダーシードやブラックペッパーを入れて煎じると、さっぱりしたお茶に。急須に番茶とスパイスを入れて熱湯を注ぐだけでも、あっさりとした味わいになります。

複数のスパイスを組み合わせるのも、スパイスと仲良くなる方法のひとつ。私はこしょう・フェンネル・コリアンダーを同量ずつペッパーミルに入れ、肉や魚にさっとかけて下ごしらえに使っています。親近感がありますし、単独で使うよりも複雑な味わいが楽しめますよ。

Q 手持ちの調味料をエスニックに活かすコツを教えてください。

A 和の調味料の中で、一番化けやすいのがポン酢と、しょっつる（p43）です。例えばポン酢にしょっつるを加え、ちぎったコリアンダーやごま油を入れると、とたんにタイ料理の味になります。現地の料理でも柑橘を搾ったり、ナンプラー（魚醤）を使うので、風味が似ているのですね。その複雑な味わいが魚介類などとよく合い、日本人になじみやすい味になります。調味料の面白さは、それぞれの組み合わせの妙。いろいろと試してみてください。

編集部がお答えします。

協力：小清水正美さん（元神奈川県農業技術センター）

Q 手づくりマヨネーズ（p76）が日持ちしないのはなぜですか？

A 生卵、植物油、酢を混ぜてつくるマヨネーズは、加熱殺菌する製造工程がないのですが、酢の働きにより微生物の増殖が抑えられています。市販品は原料の管理や工程での衛生管理を厳重に注意してつくられ、酢も十分な量が入っているので日持ちします。一方、手づくりでは雑多な微生物が混じりやすく、酢の量が不十分な場合があるので、日持ちしないことも多く、使う量をその都度つくり、つくりたての新鮮な味を楽しむことをおすすめします。余ったら密閉容器に入れて冷蔵し、早く食べきりましょう。

Q 脱気（p64、96）したビン詰めは、いつまで日持ちしますか？

A 味付けに酢やレモン汁が含まれたり、素材自体に酸味があるものは、内容物が酸性になっているので、きちんと脱気加熱されていれば開封するまでは常温で長期間保存できます。

内容物が酸性でないまま脱気加熱しても、100℃の熱に耐える微生物が残って変質する可能性があります。例えば、豆や山菜の水煮をビン詰めする場合は、水1ℓに小さじ1/2のクエン酸、またはレモン汁か酢大さじ3を加えた溶液を注ぎ入れるとよいでしょう。

脱気が成功しているかどうかは、ビン詰めが冷えたら並べ、斜め上方から蓋を見てください。蓋の中央部がへこんでいれば脱気できています。また蓋をスプーンの尻で軽く叩くと、脱気できていないものは弾んだ音がします。

Q 味噌を手づくりするとき、暑い時期を避けて仕込むのはなぜですか？（p78、80）

A 麹を使う味噌づくりは、一般的に11～5月の暑くない季節に仕込みます。これは味噌が発酵・熟成するのに必要な微生物が、適切に働く環境をつくるためです。

仕込んだばかりの味噌には雑多な微生物が入っています。これらが活発に活動するのを抑えるために涼しい場所（20℃以下）に置きます。この間、味噌の中では、麹菌のもつ酵素によって大豆や米のたんぱく質や炭水化物が分解され、うま味や甘味がつくられます。それらをエサにして乳酸菌が増え、味噌の中に乳酸をつくります。味噌全体がわずかに酸性になり、雑多な微生物の活動はさらに抑えられます。そこでその環境が好きな酵母が活躍し、一段と発酵が進み、香りの成分がつくられます。

酵母は空気と温度を必要とします。だから夏の土用前（7月中旬～下旬）に味噌を切り返し、わずかに空気を入れると、暑くなるに従い酵母の活動が活発になり、発酵が進みます。

暑さのピークを過ぎると発酵も一段落し熟成が進みます。秋が深まると風味もなれて、おいしい味噌になっているはずです。味噌の中には、熟成後もたくさんの微生物が入っているので、涼しい場所に置いて活発な活動を抑えるのがよいでしょう。

つくることは暮らすこと

うかたま
BOOKS

編集
五十嵐映子
中田めぐみ
小野民

遠藤隆士
しまざきみさこ

アートディレクション＆デザイン
山本みどり

DTP 制作
兼沢晴代
斉藤知也

制作
浅山和子

つくることは暮らすこと
うかたまBOOKS
手づくりのたれ・ソース・調味料

2011年6月25日　第1刷発行
2023年1月20日　第3刷発行
編者　一般社団法人 農山漁村文化協会

発行所　一般社団法人 農山漁村文化協会
〒335-0022 埼玉県戸田市上戸田2-2-2
☎ 048(233)9351(営業)
☎ 048(233)9372(編集)
FAX 048(299)2812
振替 00120-3-144478
URL https://www.ruralnet.or.jp/

ISBN978-4-540-11150-1
〈検印廃止〉

DTP制作／新制作社
印刷・製本／凸版印刷（株）
乱丁・落丁本はお取り替えいたします。

うかたま
WEBサイト　http://ukatama.net

うかたまとは食べものの神様、
宇迦之御魂神（ウカノミタマノカミ）のこと。
古くから日本で育まれてきた食の知恵や、
暮らしのあり方を受け継いでいきたい。
そういう思いから、この名前にあやかりました。

執筆者紹介

中川たま（なかがわ・たま）
兵庫県生まれ。神奈川県逗子市在住。自然食品店に勤務後、友人3人でケータリングユニット「にぎにぎ」を結成。独立後はイベントや雑誌などで活躍中。季節にあった手仕事の会を主宰している。旬の素材を上手に使い、四季を感じる料理が得意。著書に『「たま食堂」の玄米おにぎりと野菜のおかず』（主婦と生活社）がある。

按田優子（あんだ・ゆうこ）
東京都生まれ。ブラウンライス（株）で3代目工房長、東京・代々木上原のkanbutsu caféで店長やマネージャーを務める。現在はNHK学園料理講座の講師やスパイス塾のナビゲーター、お茶請けやお菓子の製造など幅広く活躍中。著書に『男前ぼうろとシンデレラビスコッティ』（農文協）がある。

林弘子（はやし・ひろこ）
北海道生まれ。1981年に国産有機農産物を使った製菓製パン業「麻衣くっきい」を設立。その後、自宅での酵母パン教室や雑誌・書籍を通して「心を育てる、滋養のあるごはん」を伝え続けた。著書に『国産小麦のお菓子とパン』『酵母でつくる焼き菓子レシピ』（農文協）、『和・発酵食づくり』（晶文社）など多数。

Hikaru（ひかる）
長野県生まれ。雑誌や書籍で料理家として活躍。玄米菜食を中心とした食生活と子育ての日々を送る。デンマークでのエコヴィレッジ滞在などを経て、2010年に自宅を開放し、親子で参加するアートと料理のワークショップ「こどものアトリエ」を始める。著書に『Hikaruさんちの ゆったりとおもてなし』（祥伝社）がある。

イラスト＝武藤良子